Unterwegs auf den Ionischen Inseln

Kefalonia und Ithaka

Als Insel der Naturwunder wird Kefalonia bezeichnet. Imposante Tropfsteinhöhlen und die dunklen Tannenwälder am Berg Enos faszinieren die Besucher, ebenso wie die stillen Dörfer und lebhaften Hafenorte wie Sami und Poros. Weniger als eine halbe Stunde braucht die Fähre bis zur sagenumwobenen Insel Ithaka, der Heimat des Odysseus.

Zakynthos

Blume des Ostens nannten die Venezianer diese Insel, auf der sich die Spuren italienischer Vergangenheit bis heute erhalten haben. Die Burgen, die einst vor Feinden schützen sollten, sind heute beliebte Ausflugsziele. Genau wie die berühmte Schiffs-wrackbucht im Norden. Hier zu baden ist wahrlich ein Erlebnis.

Karten

Reiseplanung

Die Reiseregion im Überblick

Grün, fruchtbar und von silbrig schimmernden Olivenhainen überzogen – ihren auffallenden Reichtum an Vegetation haben die Ionischen Inseln ihrer geografischen Lage zu verdanken, sind sie doch Griechenlands westliche Vorposten und weisen nach Italien hin. Und von Westen kommen die Wolken, die sich an den Bergen der Inseln abregnen, bevor sie das Festland erreichen.

Korfu und **Paxos** sind die nördlichsten der Ionischen Inseln. Internationales Flair herrscht v.a. auf Korfu, das mit seiner italienisch geprägten Hauptstadt seit Jahrzehnten ein Touristenmagnet ist. Der Markuslöwe prangt noch an den Mauern der Neuen Festung, und zwischen den Häusern der engen Gassen im Altstadtviertel flattert die Wäsche wie in Süditalien. In der Umgebung locken Sisis Märchenschloss, das Achillion, sowie der Aussichtspunkt Kanoni mit Blick auf die Klosterinsel der Panagia Vlacherna und die Mäuseinsel. Viele Urlauber zieht es an die flachen Sandstrände im Norden, während die Westküste mit zauberhaften kleineren Badebuchten zwischen Felsen aufwartet.

Die Nachbarinsel Paxos wurde in jüngerer Zeit vom Tourismus aus dem Dornröschenschlaf geküsst. Doch noch immer können Individualurlauber auf der von alten, knorrigen Olivenbäumen bedeckten Insel erholsame Ferientage verbringen: beim Wandern und Baden.

Lefkada wurde schon im Altertum zur Insel gemacht. Die Korinther stachen die enge Stelle durch, die die Halbinsel mit dem Festland verband. Mit den kleinen, von imposanten Steilküsten gerahmten Stränden im Westen und lebhaften Badeorten im Osten zieht die Insel in erster Linie Badegäste und Wassersportler an. Doch auch stille, vom Massentourismus noch unberührte Dörfer und authentisches griechisches Leben in Lefkada-Stadt kennzeichnen die Insel, auf der sich die

Baden, Wandern und Kulturgenuss

Zauberhafte, von Felsen gerahmte Badebuchten und herrliche lange Sandstrände, teils vor imposanten Steilküsten, machen die Ionischen Inseln zu einem beliebten Badeurlaubsziel. Doch neben Sonnenanbetern kommen auch Aktivurlauber wie Segler, Surfer und Wanderer voll auf ihre Kosten. Wunderbar kombinieren lassen sich der Bade- und Aktivurlaub mit der Besichtigung kultureller Highlights. Zwar bieten die Ionischen Inseln vergleichsweise wenig Antikes, doch venezianisch geprägte Städte, interessante Museen, zauberhafte Klöster und nicht zuletzt Sehenswürdigkeiten wie das Achillion auf Korfu bilden touristische Anziehungspunkte.

Eine imposante Festung überragt die Garitsa-Bucht auf Korfu

Dichterin Sappho angeblich das Leben nahm. Heute bilden die weißen Klippen am Kap Doukato, der Südspitze der Halbinsel Lefkata, ein beliebtes Ausflugsziel.

Kefalonia und **Ithaka** sind ein ungleiches Paar. Dabei hat die winzige Insel Ithaka den bekannteren Namen, war doch hier – vermutlich – der listenreiche Odysseus zu Hause. Auf seinen Spuren lassen sich mehrere Orte erwandern. Vathy, Hauptstadt von Ithaka, ist das Ziel vieler Tagesausflügler von Kefalonia. Frikes und Kioni am nördlichen Ende des tief zerklüfteten Eilandes beeindrucken durch ursprüngliche Beschaulichkeit. In der Inselmitte thront das große Dorf Stavros mit riesiger Kirche, sehenswertem Museum und einem lebendigen Dorfplatz.

Kefalonia ist nicht nur die größte, sondern auch die ungewöhnlichste Ionische Insel. Außerordentlich vielfältig sind die Landschaften: Dunkle Tannenwälder kontrastieren mit tropischen Gärten, rauen Felsenküsten, seichten Buchten und märchenhaften Höhlen. Touristische Anziehungspunkte sind die berühmten Tropfsteinhöhlen von Drogarati und Melissani. Fiskardo im Norden ist ein Bilderbuchort, und südlich von Assos mit Burgenromantik lockt die Traumbucht von Mirtos.

Zakynthos im Süden des Archipels kommt Italien wieder sehr nahe. Die Insel, Heimat der vom Aussterben bedrohten Meeresschildkröten Caretta caretta, ist nach Korfu die beliebteste Ionische Insel, was sie v.a. den hervorragenden Stränden zu verdanken hat. Entsprechend voll wird es hier im Sommer. Absolutes Highlight ist die berühmte Schiffswrackbucht im Norden, die man per Boot erreichen kann.

Die schönsten Touren

Vier auf einen Streich in 14 Tagen

—①— Korfu ❯ Lefkada ❯ Kefalonia ❯ Zakynthos

Distanzen

Korfu-Stadt ❯ Igoumenitsa 75 Min. mit der Fähre; **Igoumenitsa ❯ Preveza** 2 Std. mit dem Auto; **Preveza ❯ Lefkada-Stadt** 40 Min. mit dem Auto; **Lefkada ❯ Kefalonia** (Fiskardo) 90 Min. mit der Fähre; **Kefalonia** (Pessada) ❯ **Zakynthos** (Skinari/Ag. Nikolaos) 60 Min. mit der Fähre.

Verkehrsmittel

Diese Tour unternehmen Sie am besten mit einem Wagen. Denn die Entfernungen auf den Inseln sind groß, das Busnetz ist nicht überall engmaschig, und einige der schönsten und abgelegensten Strände sind nur mit dem Auto zu erreichen. Auf allen Inseln gibt es Autovermietungen. Die Festlandsstrecke Igoumenitsa–Preveza und weiter nach Lefkada kann man mit dem Bus zurücklegen, die letzten 30 km ab Preveza auch mit dem Taxi. Wer am Ende zurück nach Korfu möchte, kann die Strecke auch mit dem Bus oder PKW über Killini und Patras auf der Peloponnes zurücklegen.

Den Auftakt der Tour bildet die Besichtigung von *****Korfu-Stadt** und Umgebung ❯ S. 50, wofür man mindestens drei Tage einkalkulieren sollte. Am Anreisetag ist ein gemütlicher Altstadtbummel genau das Richtige, der 2. Tag ist mit Museumsbesuchen, einer Fahrt zum Aussichtspunkt ****Kanoni** ❯ S. 58 und der Besichtigung des Schlösschens ****Mon Repos** ❯ S. 57 gut gefüllt. Das ****Achillion** ❯ S. 58 wartet am 3. Tag, danach ist Baden angesagt an einem der nahe gelegenen Strände.

Tag 4: Von Korfu-Stadt geht es mit der Fähre ans Festland nach Igoumenitsa. Auf dem Weg nach Preveza locken die Ruinen der 31 v. Chr. gegründeten, einst bedeutenden Stadt ***Nikopolis,** der »Siegerstadt«. Durch den Tunnel fährt man weiter von Preveza nach Aktion am Südufer des Ambrakischen Golfes und von dort über Agios Nikolaos nach **Lefkada.** Die Insel ist am Nordende durch eine Schwenkbrücke mit dem Festland verbunden. In ***Lefkada-Stadt** ❯ S. 78 sollte man übernachten, bevor es am 5. Tag Richtung Süden weitergeht. Vorbei an **Nidri** ❯ S. 81, der touristischen Hochburg an der Ostküste, erreicht man

Die Mühen des Abstiegs lohnen: Bei Egremni kann man herrlich baden

*Vasiliki ❭ S. 83. Wer Lust hat, ein typisches Bergdorf zu besuchen, kann kann am nächsten Tag einen Ausflug von Vasiliki nach *Poros machen. Ansonsten wartet der Strand zwischen Vasiliki und Ponti. Tag 6: Mit dem Wagen geht es über Komilion zur Südspitze, dem weißen **Kap Doukato ❭ S. 85 , wo sich einst die Dichterin Sappho vom Felsen ins Meer gestürzt haben soll. Die letzten 500 m sind zu Fuß zurückzulegen, die hellen Felsen bieten einen spektakulären Anblick. Auf dem Rückweg nach Komilion erwarten Sie zwei Traumstrände vor hohen weißen Klippen. Nach **Porto Katsiki ❭ S. 85 gelangt man mit dem Auto, **Egremni ❭ S. 84 ist nur über 300 Treppenstufen zu erreichen. Weiter geht es der Küste entlang nach Norden. Nächstes Ziel ist das hübsche Bergdorf **Karia ❭ S. 86. Die Dorfbewohner treffen sich auf der Platia, wo Cafés und Tavernen zum Verweilen einladen. Über Vafkeri und Nidri geht es zurück nach *Vasiliki ❭ S. 83.

Die kleine Fähre bringt Sie am 7. Tag ins Fischerdorf *Fiskardo ❭ S. 105 an der Nordspitze Kefalonias. Der Ort ist so schön, dass man hier unbedingt übernachten sollte. Tag 8: Es geht Richtung Süden zur Hauptstadt Argostoli. Nach 15 km zweigt rechts die Stichstraße nach **Assos ❭ S. 104 ab. Über viele Kurven erreicht man den kleinen, zauberhaft schön gelegenen Ort. Am Ortseingang kann man den Wagen stehen lassen und zu Fuß 2 km zu den Ruinen der venezianischen Festung hinaufsteigen. Schön ist von hier der Blick auf die Küstenlandschaft. Wieder auf der Hauptstraße, genießt man nach 5 km den Postkartenblick auf die **Mirtosbucht ❭ S. 104 mit dem ständig wechselnden Farbenspiel des Wassers. Über eine serpentinenreiche

Straße erreicht man den Kieselstrand. Für ****Argostoli** › S. 93 mit seiner beliebten Promenade und den Tavernen am Meer sollte man zwei Tage einplanen. Mit Besichtigung der Stadt, einer Wanderung zu den ***Katavothres** › S. 97, den Meerwassermühlen, oder der Fahrt nach **Lixouri** › S. 103 auf der Halbinsel Paliki sind die Tage gut gefüllt.

Von Pessada im Süden Kefalonias besteht im Sommer eine Schiffsverbindung nach Skinari (Ag. Nikolaos) im Norden von **Zakynthos** › S. 122, der südlichsten der Ionischen Inseln. Am besten ist es, ein Hotel in der noch venezianisch geprägten Hauptstadt zu wählen und von hier aus Zakynthos zu erkunden. Die Strände von **Laganas** › S. 135 im Süden oder bei **Planos** › S. 132 im Osten bieten sich für erholsame Stunden am Meer an. Genau richtig, um die letzten Ferientage mit Baden zu verbringen.

Die südlichen Inseln in zehn Tagen

—②— Zakynthos › Kefalonia › Ithaka › Zakynthos

Distanzen
Zakynthos › Kefalonia 60 Min. mit Fähre ab Skinari/Ag. Nikolaos; **Kefalonia › Ithaka** 20 Min. mit Fähre Sami – Pisaetos oder 35 Min. Sami – Vathy; **Ithaka › Kefalonia** 35 Min. mit der Fähre Vathy – Sami; **Kefalonia (Pessada) › Zakynthos (Skinari)** 60 Min.

Verkehrsmittel
Für diese Tour ist ein PKW unerlässlich. Leihwagen erhält man auf den einzelnen Inseln. Die Inseltour auf Ithaka könnte man alternativ auch mit dem Taxi unternehmen.

Die ersten beiden Tage gehören ***Zakynthos-Stadt** › S. 128. Von hier sind die Sehenswürdigkeiten der Umgebung rasch erreicht: die venezianische Burg oberhalb auf dem Hügel Bochali oder der Strani-Hügel jenseits der Straße, Lieblingsplatz des Nationaldichters Solomos. Der 3. Tag bietet sich für eine Inselrundfahrt an, entweder per PKW oder mit dem Ausflugsboot, das täglich um 9 Uhr in Zakynthos-Stadt startet und gegen 17.30 Uhr zurückkehrt.

Am 4. Tag setzt man auf die Insel Kefalonia über, für die man drei Tage einplanen sollte. Zum Übernachten bietet sich die Hauptstadt ****Argostoli** › S. 93 an. Einen Tag beansprucht der Ausflug nach Norden, um das Fischerdorf ***Fiskardo** › S. 105, das Städtchen ****Assos** › S. 104 und die ****Mirtosbucht** › S. 104 zu besuchen. Am nächsten Tag sind die Hauptorte im Süden an der Reihe, **Sami** › S. 108, **Poros**

> S. 111 und ***Lourdata** > S. 113. Am letzten Tag sollten Sie auf den ****Enos** > S. 101 wandern, Lefkadas höchsten Berg.

Tag 8: Mit der Fähre gelangt man von Sami nach Ithaka. Hotels gibt es im Inselhauptstädtchen ***Vathy** > S. 114. Am 9. Tag steht eine Inselrundfahrt auf dem Programm: Der Ort ***Stravros** > S. 119 mit dem Archäologischen Museum sowie die kleinen Häfen von **Frikes** > S. 120 und ***Kioni** > S. 121 lohnen einen Besuch. Am 10. Tag geht es zurück nach Zakynthos, entweder mit der Fähre via Kefalonia oder über Patras und Killini.

Das Bilderbuchstädtchen Assos

Touren in den Regionen

Touren	Region	Dauer	Seite
Olivenhaine und Liebeskanal – Korfus Norden	Korfu und Paxos	1 Tag	46
Zu Sisis Schloss – Korfus Süden	Korfu und Paxos	½ Tag	47
Korfus Wilder Westen	Korfu und Paxos	1 Tag	47
Von Korfu nach Paxos	Korfu und Paxos	1–2 Tage	49
Strände unter weißen Klippen	Lefkada	1 Tag	74
Ouzo unter Dorfplatanen	Lefkada	½ Tag	75
Bootstour zu den Inseln der Stille	Lefkada	1 Tag	75
Zu Klöstern und Winzern	Kefalonia und Ithaka	½–1 Tag	90
Idylle im Norden	Kefalonia und Ithaka	1 Tag	91
Auf der Insel des Odysseus	Kefalonia und Ithaka	½ Tag	93
Dörfer, Klöster und ein Wrack	Zakynthos	½– Tag	124
Ein blaues Wunder erleben	Zakynthos	1 Tag	125
Caretta und die Pechquelle	Zakynthos	½ Tag	127

Klima und Reisezeit

Frühling und Frühsommer (April bis Juni) sind die schönsten Reisemonate. Überall duften dann die blühenden Zitrusbäume, bunte Blütenteppiche setzen malerische Akzente. An warmen Frühlingstagen scheint die Sonne bereits zehn Stunden, und das Thermometer klettert auf bis zu 25 °C. Im Hochsommer wird es selten so heiß wie auf dem Festland und in der Ägäis, dafür ist es bisweilen recht schwül. Dann hilft oft der laue Maistros, der Nordwestwind, der ein bisschen Kühle heranfächelt. Auf Korfu und Zakynthos sind Hotels und Strände im Juli und August voll belegt. Die anderen Inseln sind ruhiger, aber auch dort kann es im Hochsommer mitunter schwierig werden, ein Hotelzimmer zu finden – vor allem zwischen dem 1. und 20. August, der Hauptreisezeit der Athener! Voll wird es auf den Inseln auch zu Ostern ❯ S. 35, wenn Verwandte aus dem In- und Ausland anreisen, um den höchsten griechischen Feiertag im Kreise der Familie zu verbringen. Mit ausgiebigen Regenfällen, die in den Wintermonaten den Ionischen Archipel heimsuchen, ist dann nicht mehr zu rechnen.

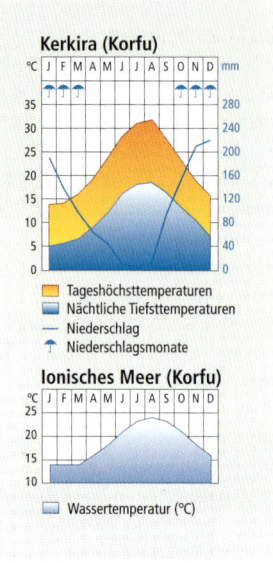

Kerkira (Korfu)

- Tageshöchsttemperaturen
- Nächtliche Tiefsttemperaturen
- Niederschlag
- Niederschlagsmonate

Ionisches Meer (Korfu)

- Wassertemperatur (°C)

Anreise

Mit dem Flugzeug

Von April bis Oktober werden von fast allen deutschen und auch von österreichischen und schweizerischen Flughäfen Charterflüge nach Korfu angeboten, von vielen Flughäfen auch nach Zakynthos und Preveza nahe der Insel Lefkada. Außerdem erreicht man die Ionischen Inseln ganzjährig per Charter- und Linienflug über Athen. Lufthansa arbeitet mit Aegean Airlines (www.aegeanair.com) im Codesharing zusammen. Aegean fliegt täglich von Athen nach Korfu und Kefalonia. Olympic Air (www.olympicair.com) fliegt ebenfalls täglich Korfu und Kefalonia an, dazu mehrmals in der Woche Zakynthos sowie Preveza, das am Festland, nicht weit von Lefkada entfernt liegt.

Mit dem Auto

Die Hauptroute für Autofahrer führt über Italien; man ist etwa zwei Tage unterwegs. Von Triest, Venedig, Ancona, Bari und Brindisi legen mehrmals wöchentlich Autofähren nach Korfu, Igoumenitsa und Patras (Peloponnes) ab. Von Killini (Peloponnes) aus verkehren Fähren nach Zakynthos und Kefalonia. Die Überfahrt Italien – Griechenland dauert je nach Route und Schiffstyp 15–30 Stunden.

■ **Ikon München**
Tel. 0 89/5 99 88 89 30][www.ikon-reiseagentur.de
■ **TDS München**
Tel. 0 89/2 60 94 18][www.tdsreisen.de

Mit der Bahn

Über Italien gibt es **Zugverbindungen** zu den o.a. Fährhäfen. Die früher im Sommer bestehenden **Autoreisezugverbindungen** zwischen München und Ancona gibt es leider nicht mehr, die nächstgelegenen Terminals sind nun Bozen und Villach (www.dbautozug.de).

Via Athen

Ab der griechischen Hauptstadt sind die KTEL-Überlandbusse in 5 bis 8 Stunden auf den Ionischen Inseln. Der Fahrpreis beträgt inklusive Fähre etwa 45 €. Von der Station in der Od. Kifissou 100 (Zubringerbus 051, Abfahrt nahe Omonia, Ecke Menandrou und Zinonos) starten die Busse nach Korfu. Infos:

■ Korfu: Tel. 2 10/5 12 94 43
■ Lefkada: Tel. 2 10/5 15 01 08
■ Kefalonia: Tel. 2 10/5 15 07 85
■ Zakynthos: Tel. 2 10/5 12 94 32
Züge verkehren vom Peloponnes-Bahnhof (1 km vom Omonia-Platz entfernt) zum Hafen von Patras (Infos unter Tel. 2 10/2 61 86 80, www.ose.gr), von wo es Fährverbindungen nach Korfu, Ithaka und Kefalonia gibt. Außerdem existieren fast stündlich Busverbindungen ab der Od. Kifissou (KTEL) nach Patras.

Korfus Flughafen I. Kapodistrias

Reisen im Land

Mit dem Flugzeug

Olympic Air (www.olympicair.com) verbindet einige Inseln mit Klein-
flugzeugen (2 bis 3-mal/Woche) auf der Strecke Thessaloniki – Korfu –
Lefkada/Preveza – Kefalonia – Zakynthos.

Mit dem Schiff

Der Weg von einer Insel zur anderen kann umständlich sein und führt
manchmal über die Festlandshäfen Igoumenitsa, Patras oder Killini.
Erkundigen Sie sich in verschiedenen (!) örtlichen Reisebüros, beim
Hafenmeister oder bei der Touristenpolizei. Fährverbindungen findet
man auch im Internet unter www.gtp.gr. Nicht immer sind die Angaben
jedoch zuverlässig. Plötzliche Änderungen der Fahrpläne sind in Griechenland druchaus nichts Ungewöhnliches. Zugleich kann es v.a. in der
Saison zusätzliche Schiffsverbindungen geben.

Mit Bus und Taxi

Der Linienbus ist ein beliebtes und preisgünstigstes Verkehrsmittel. Bei
Überlandbussen steht die Sitzplatznummer auf dem Fahrschein. Von
den Hauptorten der Inseln starten die KTEL-Busse in alle Richtungen.
Die Abfahrtszeiten sind am jeweiligen Busbahnhof angeschlagen, in der
Vor- und Nachsaison fahren die Busse bisweilen seltener als angezeigt.
Erkundigen Sie sich beim Fahrer nach der letzten Rückfahrtmöglich-
keit! Eine **Kombination von Bus und Taxi** ermöglicht es, auch ohne
Mietwagen beweglich zu sein. Taxis sind vergleichsweise günstig.

Mit dem Leihfahrzeug

Auf den größeren Inseln lohnt es sich, ein Fahrzeug zu mieten. Leihwagen bekommt man für 35 bis 40 € pro Tag, Vespas ab 18 €, Motorräder
ab 25 € (Helm wird gestellt), Mopeds ab 10 €, Fahrräder ab 7 €. PKW
kann man schon von daheim buchen (Reisebüro, Internet, Buchungs-
zentralen der international arbeitenden Autovermietungen, die auf jedem Flughafen Griechenlands vertreten sind); zudem gibt es vor Ort
einheimische Verleiher.

Prüfen Sie den Zustand des Fahrzeuges, bevor Sie losfahren. Der Ab-
schluss einer Vollkaskoversicherung ist ein Muss. Prüfen Sie unbedingt,
ob alle Steuern eingeschlossen sind bzw. die Kaskoversicherung auch
nach lokalen Bestimmungen alle Schäden abdeckt. Leihwagen bleiben
im Normalfall auf der Insel, da sie auf der Fähre nicht versichert sind.
Auf ein- und derselben Insel das Fahrzeug an anderer Stelle abzugeben
(z.B. am Flughafen), ist meist kein Problem.

Special

Unterwegs mit Kindern

Sonne, Sand und Meer – Kinder fühlen sich auf den Ionischen Inseln ausgesprochen wohl. Hinzu kommt, dass die Griechen regelrechte Kindernarren sind und die Kleinen in der Pension oder der Stammtaverne schnell im Mittelpunkt stehen. Eltern können ihrem Urlaub also ganz gelassen entgegenblicken.

Wichtig: ausreichender Sonnenschutz!

Von welchem Alter an man Kinder im Juli/August mit in den heißen Süden nimmt, müssen Eltern selbst entscheiden. Säuglinge leiden oft unter der großen Hitze. Einen Hut gegen die grelle Sonne sollten Kinder auf jeden Fall tragen. Auch für das Planschen am Wasser reichen Sonnencremes zumindest in den ersten Tagen nicht aus. Die Kleinen sollten auf jeden Fall ein Hemdchen mit Ärmeln anbehalten.

Dem griechischen Rhythmus anpassen

Gäste aus dem nördlicheren Europa wundern sich oft, wie lange griechische Kinder abends draußen sind. Selbst nach Einbruch der Dunkelheit spielen sie auf dem Hauptplatz, sausen mit dem Roller oder dem Fahrrad umher. Urlauber, die ihre Kleinen um 19 Uhr ins Bett bringen wollen, um eine Stunde später allein auszugehen, werden sich das schnell abgewöhnen. Es ist noch zu heiß und zu laut.

Die besten Strände für Familien

Sandburgen bauen und nach Herzenslust im Wasser toben: Welches Kind würde dazu schon Nein sagen! Insbesondere auf Korfu und Zakynthos gibt es flache Strandabschnitte, an denen Kinder auch ins Wasser gehen können. Zu ihnen zählen z.B.:

20 verschiedene Wasserrutschen, Wellenbecken, Elektroautos für Kids, Spaß auf 75 000 m² Fläche für Groß und Klein, Cafeteria. Mitte Mai–Okt 10–18, Juli, Aug. 10–19 Uhr

■ **Hydropolis**
Korfu][**Acharavi**
Tel. 2 66 30/6 47 00
Wasser- und Sportpark, viele Ballspielmöglichkeiten, Billard, Trampolin, Kletterwand, Selbstbedienungsrestaurant. Im Sommer tgl. 10–20 Uhr.

■ **Watervillage**
Zakynthos][**Sarakinado**
(4 km südlich der Hauptstadt)
Tel. 2 69 50/6 51 50
www.zantewatervillage.gr
Unterhaltung für die ganze Familie, von der Wasserrutsche bis zu Rafting, Wettfahrten und Jacuzzibädern, außerdem Trampolin und Minigolf.
Mai, Juni 10–17.30, Juli, Aug. 10–18, Sept.–Okt. 10–17.30 Uhr

■ **Acharavi und Roda an der Nordküste von Korfu:** Selbst in der Saison verläuft sich der Betrieb an den kilometerlangen Stränden.

■ **Ostküste von Zakynthos:** Die ersten 100 m gehören den Jüngsten, für Sportler sind Stege bis ins tiefere Wasser gebaut.

■ **Laganas im Süden von Zakynthos:** Gefahrloses Spielen im und am Wasser ist hier möglich.

Spaß und Spiel

Ausgesprochen beliebt sind auf Korfu die Wasserparks Aqualand bei Agios Ioannis und Hydropolis bei Acharavi. Spaß bereitet Kindern auch die Fahrt mit dem Glasbodenboot ab dem alten Hafen von Korfu-Stadt, um Entdeckungen unter Wasser zu machen. In Touristenzentren gibt es oft geschützte Minicarbahnen und Minigolfplätze, z.B. in Argassi und in Laganas auf Zakynthos.

■ **Aqualand**
Korfu][**Agios Ioannis**
Tel. 2 66 10/5 29 63 oder 5 85 83
www.aqualand-corfu.com

Familienfreundliche Hotels

■ **Attika Beach Hotel**
Korfu][**Lefkimi**
Tel. 2 66 20/2 39 90
www.attikahotel.gr
Große neuere Anlage, 170 Zimmer, Familienzimmer haben eigenen Kinderschlafraum. Neben dem großen gibt es einen eigenen Kinderpool sowie spezielle Bastel- und Spielprogramme und Kinderunterhaltung. ●●●

■ **Pension Spanidis**
Lefkada][**Vasiliki (bei Ponti)**
Tel. 2 64 50/3 16 07
www.media4ways.de/ vassiliki/jako.htm
Apartments für kinderfreundlichen Urlaub mit Reitpferden (Unterricht) bei einer deutsch-griechischen Familie. ●●

Sport und Aktivitäten

Tauchen und Schnorcheln

Geheimnisvolle Höhlen, gewaltige Riffe, Korallenbänke und überhängende Steilwände, Zackenbarsche, Muränen und Bärenkrebse versprechen erlebnisreiche Tauchgänge. Angesichts der Artenvielfalt und 40 m Sichtweite fühlen sich Taucher wie Schnorchler in der Unterwasserwelt der Ionischen Inseln zu Hause. Hilfreich in der Vorbereitung ist der »Tauchführer Griechenland« von Volker Grundmann (als CD-ROM über www.griechenlandtauchen.de zu beziehen). Deutschsprachige Tauchbasen bzw. -anbieter auf den Ionischen Inseln sind z.B.

■ **Korfu Diving**
Paleokastritsa][Korfu][Tel. (D) 0 30/26 63 04 16 04][www.korfudiving.com
Workshops des Europäischen Tauchsportvereins.

■ **Corfelios Reisen**
Korfu][Tel. (D) 0 76 32/82 45 55][www.corfelios.de
Geführte Schnorchel- und Wandertouren, Segeltörns, Surfschule, Radtouren.

■ **Zante Diving Laganas**
Zakynthos][Tel. 2 69 50/5 20 96][Tel. 06 81/81 79 07 (Saarbrücken)
www.zantediving.de
Tauchkurse für Anfänger und Fortgeschrittene. Im Angebot u.a. Höhlentauchen.

Segeln und Surfen

Das relativ ruhige Ionische Meer ist ein ideales Segelrevier, selbst für Ungeübte. Sie können auf Charterjachten mit Skipper anheuern oder selbst mit einem gemieteten Boot in See stechen. Die Broschüre »Segeln in der griechischen See« der Griechischen Zentrale für Fremdenverkehr ❭ S. 140 informiert über Häfen, Kreuzfahrten sowie Bootsmiete und listet entsprechende Adressen auf. Sehr beliebt bei Surfern sind die Küste bei Vasiliki im Süden von Lefkada und die Roda-Bucht von Korfu. Ausrüstung wird vermietet.

Wandern und Radfahren

Die ruhigeren Inseln Kefalonia und Ithaka eignen sich gut für längere Wanderungen; die vom Naturschutzverein **Archipelagos** (Lourdata, Kefalonia, Tel. 2 67 10/ 3 11 14) herausgegebenen Wanderbroschüren beinhalten Wegbeschreibungen inklusive Flora, Fauna und Rastplätzen. Reizvoll sind Inseltouren mit Fahrrädern, die in vielen Urlaubsorten vermietet werden. Griechen wird man beim Wandern kaum treffen – das ist nicht unbedingt ihre Sache. Sie warten, bis die Straße gebaut ist, wenn sie an einen anderen Ort wollen.

Auf Korfu lädt der über 220 km lange **Corfu Trail** zu ausführlichen Touren ein (www.thecorfutrail.com, › S. 57).

Golf, Kricket, Tennis

Profis wie Anfänger schätzen den 18-Loch-Golfplatz von Korfu, entworfen vom schottischen Architekten Donald Harradine. Auch das Kricketspiel brachten die Briten nach Korfu. Tagesgäste sind willkommen und können die Ausrüstung ausleihen. Ab und an sieht man Spieler auf dem Rasen der Esplanade von Korfu-Stadt. In der Inselhauptstadt findet man auch einen Tenniscourt, ebenso wie in zahlreichen Inselhotels.

■ **Corfu Golf & Country Club**
Ermones (Ropa-Tal)][Tel. 2 66 10/9 42 20][www.corfugolfclub.com
■ **Corfu Tennis Club**
Odos Romanou 4][Korfu-Stadt][Tel. 2 66 10/3 70 21

Unterkunft

Auf Korfu, Zakynthos, Kefalonia und Lefkada gibt es ein großes Angebot an Hotels, Pensionen und Privatzimmern. Doch auch nach Ithaka und Paxos zieht es immer mehr Touristen. Hier kann es im Hochsommer bisweilen zu Engpässen kommen. Deshalb sollte man nach Möglich schon von daheim ein Zimmer reservieren.

Hotels

Griechische Hotels sind nicht nach Sternen, sondern nach Buchstaben eingeteilt. L bedeutet Luxus oder 5 Sterne, A entspräche einem 4-Sterne-, B einem 3-Sterne-, C einem 2-Sterne-Hotel. Die Kategorie E (1 Stern) wird von Jugendlichen noch akzeptiert. Die Touristenpolizei kontrolliert die zu Saisonbeginn festgesetzten bzw. genehmigten Preise. Wer mehrere Wochen bleibt, kann nach einer Preisermäßigung fragen. Die Preise sind, von der Luxusklasse abgesehen, im Vergleich zu deutschen Hotels noch immer moderat. Für 50 € pro Nacht bekommt man in der Vor- und Nachsaison ein ordentliches Doppelzimmer, im Juli und August muss man mit 65–75 € rechnen. Zimmer der gehobenen Klasse kosten im Sommer leicht 150–200 € und mehr. Das Frühstück ist in den Hotels meist inbegriffen.

Privatzimmer

Neben Hotels aller Kategorien werden fast überall Zimmer in Pensionen oder Privathäusern angeboten, erkennbar an den Schildern »Rooms« bzw. »Domatia«. Im Zweifelsfall kann man auch bei der Polizei, in Reisebüros, auf dem Dorfplatz oder beim Tavernenwirt fragen. Reisebüros vor Ort vermitteln ebenfalls Zimmer, auch auf anderen Inseln. Wer mit der Fähre ankommt, wird nicht selten schon im Hafen von Zimmervermietern erwartet. Privatleute bieten meist kein Frühstück an. Überall im Ort aber wird der Frühstückstisch gedeckt.

Camping

Das Campen ist nach wie vor beliebt auf den Ionischen Inseln, wobei wildes Zelten verboten ist. Die etwa 25 Campingplätze liegen oft in Strandnähe. Ausgestattet sind sie in der Regel mit Wasch- und Duschmöglichkeiten, Cafeteria mit kalten und warmen Speisen und einem Minimarkt. Infos:

■ **Panhellenic Camping Association**
Od. Stadiou 24][Athen
Tel. 2 10/3 62 15 60
www.panhellenic-camping-union.gr

Ferienhäuser

Zunehmend werden die gerade von Familien gerne genutzten Ferienhäuser angeboten, die sich schon daheim im Internet buchen lassen, z. B. über www.jassu.de oder www.in-hellas.de mit speziellen Angeboten für die Ionischen Inseln. www.korfu-appartements.com ist auf Korfu spezialisiert.

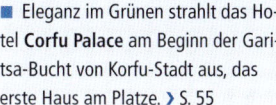

Die schönsten Unterkünfte

■ Eleganz im Grünen strahlt das Hotel **Corfu Palace** am Beginn der Garitsa-Bucht von Korfu-Stadt aus, das erste Haus am Platze. ❯ S. 55

■ Wohnen in einer venezianischen Villa, Frühstück im Garten unter Blütenträumen: Das **Bella Venezia** in Korfu-Stadt bietet beides. ❯ S. 55

■ Im Hotel **Cavalieri** an der Esplanade von Korfu-Stadt wohnte schon Italiens Adel. ❯ S. 55

■ Mit Tennisplatz und Taverne wartet das **Paxos Beach Hotel** auf Paxos direkt am Meer auf. ❯ S. 70

■ Traumhaft schön ist der Blick vom Balkon der Pension **Theklis – Clara Studios** über die Bucht von Gaios auf Paxos. ❯ S. 70

■ Eleganz und Effizienz vereinen sich im **Ionian Star** in der Hauptstadt Lefkadas. ❯ S. 79

■ Über die Stadt und die Bucht von Argostoli blickt der Gast vom **Apartmenthotel Europe,** das am Hang von Kefalonias Hauptstadt erbaut wurde. ❯ S. 96

■ Ruhig und doch zentral liegt das freundliche Familienhotel **Mouikis** in Argostoli auf Kefalonia. ❯ S. 96

■ In den großzügig ausgestatteten Apartments des Hotels **Odyssey** in Vathy auf Ithaka können ganze Familien unterkommen. ❯ S. 115

■ Mit Blick auf den schönen Hauptplatz und das Denkmal des Nationaldichters wohnt man im Hotel **Phoenix** in Zakynthos-Stadt. ❯ S. 131

■ Am Markusplatz von Zakynthos-Stadt wird der Gast im Hotel **Diana** gut umsorgt. ❯ S. 131

Land & Leute

Steckbrief][Geschichte im Überblick][
Natur und Umwelt][Die Menschen][
Kunst und Kultur][Feste und
Veranstaltungen][Essen und Trinken

Lage

Der »Sieben-Insel-Staat«, wie der Ionische Archipel genannt wird, erstreckt sich entlang der griechischen Westküste, von der albanischen Grenze bis zur Peloponnes. Fast überall auf den Ionischen Inseln kann man die Berge des griechischen Festlandes sehen. Von der Nordhälfte Korfus erblickt man bereits Albanien, das bis auf 4 km herankommt. Neben Korfu (Kerkira), Paxos, Lefkada (Lefkas), Kefalonia, Ithaka und Zakynthos gehört aus historischen Gründen auch das am südöstlichen Zipfel der Peloponnes gelegene Kithira dazu, was touristisch jedoch nicht von Bedeutung ist. Auf sieben weiteren winzigen Eilanden des Archipels wohnen nur eine Handvoll Menschen, so auf Othoni, dem nordwestlichen Außenposten Griechenlands auf dem Weg nach Italien – manche Griechen sagen nach Europa.

Politik und Verwaltung

Griechenland ist eine parlamentarische Demokratie. An der Spitze steht der Staatspräsident, der für fünf Jahre vom Parlament in

Athen gewählt wird. Das Parlament besteht aus 300 Abgeordneten. Wichtige Parteien sind die konservative Nea Dimokratia (ND) und die sozialistische PASOK. Bei der Parlamentswahl am 17. Juni 2012 wurde die ND mit 29,7 % erneut stärkste Kraft, die Partei SYRIZA von Alexis Tsipras, die sich für ein Ende der von der EU verordneten Sparmaßnahmen ausspricht, landete mit 26,9 % auf dem zweiten Platz. ND und PASOK einigten sich mit der Demokratischen Linken auf die Bildung einer Regierung unter Andonis Samaras und wollen an der Umsetzung von Reformen festhalten. Staatspräsident ist seit 2005 der frühere sozialistische Außenminister Karolos Papoulias. Verwaltungsmäßig ist Griechenland in 51 Präfekturen (*nomoi*) unterteilt. Die Ionischen Inseln bilden vier dieser Präfekturen mit Verwaltungszentren in Korfu-Stadt, Argostoli, Zakynthos- und Lefkada-Stadt.

Wirtschaft

Der Tourismus und die Landwirtschaft bilden die wichtigsten Wirtschaftszweige auf den Ionischen Inseln. Besonders auf Korfu und Zakynthos ist der Fremdenverkehr eine unverzichtbare, wenn auch nicht krisenfreie Einnahmequelle geworden. Während auf der einen Seite Märkte, Geschäfte und Tavernen florieren, zeitigt der Touristenansturm auf der anderen Seite negative soziale wie ökologische Folgen. Manche Dörfer haben ihr ursprüngliches Ortsbild verloren, werden nun von gesichtslosen Betonfassaden, Leuchtreklamen und Fastfood-Buden verschandelt. Und zu viele Hotels wurden ohne Rücksicht auf die Umwelt hochgezogen.

Landwirtschaftlich bedeutend ist der Olivenanbau. Vor allem auf Korfu und Paxos prägen Olivenhaine das Landschaftsbild, während auf Kefalonia der Weinanbau eine immer größere Rolle spielt. Gemüse wird teilweise unter Plastikbahnen gezogen, reift in der Hitze schnell und erlaubt mehrere Ernten im Jahr.

Sprache und Schrift

Griechisch gehört zu den indogermanischen Sprachen. Die Buchstaben wurden aus dem phönizischen Alphabet entwickelt. In Griechenland wird seit etwa 1975 Neugriechisch gesprochen, und zwar in der Form der Dimotiki, der Volkssprache. Vorher sprachen die Gebildeten Katharevousa, eine Variante des Altgriechischen. Die einfachen Leute auf dem Lande, die oft kaum Schulbildung besaßen, kannten diese Sprache nicht. Als Rundfunk und Fernsehen damit begannen, Debatten aus dem Parlament zu übertragen, stellten die Politiker fest, dass ihre Wähler sie mehrheitlich nicht verstanden. Bei Gericht brauchten viele einen Dolmetscher. Auch die Politik- und Kulturseiten der Zeitungen wurden in der Hochsprache gedruckt; für die meisten unlesbar. Das hat dazu geführt, dass die Volkssprache zur Amtssprache wurde.

Geschichte im Überblick

3000 v. Chr. Die Illyrer besiedeln die Ionischen Inseln.

Ab 2200 v. Chr. Griechische Stämme, z.B. die Achäer, gelangen in den Südostbalkan.

734 v. Chr. Korinth, die mächtige Handelsstadt, gründet auf Korfu die Kolonie Korkyra, die sich zur Rivalin der Mutterstadt entwickelt. Auf der Peloponnes erringt Sparta im 8. Jh. v. Chr. die Vormachtstellung, während Attika unter dem Einfluss Athens steht. Die beiden machthungrigen Stadtstaaten geraten in der Folgezeit wiederholt aneinander.

490 v. Chr. Die Perser greifen Griechenland an und werden von den nun zusammenstehenden Griechen vor Marathon besiegt.

480 v. Chr. Erneut bedrohen die Perser die griechischen Kleinstaaten und erobern Athen. Daraufhin gelingt den Griechen in der Seeschlacht von Salamis ein Sieg.

431 v. Chr. Beginn des Peloponnesischen Krieges zwischen Sparta und Athen, der 404 mit der Niederlage Athens endet.

340 v. Chr. Die Makedonier unter Philipp II. fallen in Regionen ein, die zur Einflusssphäre Athens gehören. Um sich vor einer Eroberung durch die Makedonier zu schützen, schließen Korinth, Lefkada und Korfu ein Freundschaftsbündnis mit Athen.

338 v. Chr. Die Makedonier erobern den Süden Griechenlands, ihnen fällt auch Korfu zu.

336 v. Chr. Philipp II. wird ermordet. Sein Sohn Alexander (der Große) folgt ihm auf den Thron. Er trägt griechische Kultur bis Indien.

3. Jh. v. Chr. Rom ante portas. Den Griechen ist im Westen ein mächtiger Feind erwachsen: das Imperium Romanum. Rom erobert die Länder Alexanders.

Ab dem 3. Jh. v. Chr. Die Ionischen Inseln unterstehen Rom, eine lange Phase des Friedens beginnt.

1054 Die römische Kirche spaltet sich von der orthodoxen ab (Schisma).

1081 Roger I., Normannenkönig auf Sizilien, beginnt mit der Eroberung Korfus, über das die Normannen im 11. und 12. Jh. herrschen.

1204 Konstantinopel wird von den Kreuzfahrern unter der Führung Venedigs erobert. Venedig dehnt von den Ionischen Inseln aus seinen Einfluss auf das östliche Mittelmeer aus. Korfu wird venezianischer Stützpunkt.

1209 Kefalonia, Ithaka und Zakynthos bilden die Grafschaft Kefalonia, die von italienischen Adelsfamilien regiert wird. Die Osmanen versuchen, die Inseln zu erobern.

1386 Korfu bittet wegen drohender Angriffe der Türken die Seemacht Venedig um Hilfe. Die Dogen bleiben 400 Jahre auf den Ionischen Inseln; mit Ausnahme

Lefkadas, das Teil des Osmanischen Reiches wird.

1453 Konstantinopel fällt, die türkischen Sultane verleiben sich das griechische Festland ein.

1571 Das Abendland fühlt sich von den Osmanen bedroht. Eine christliche Flotte läuft von Korfu zur Schlacht von Lepanto (heute Nafpaktos) aus, wo sie den Türken eine Niederlage beibringt.

1797 Napoleon erobert die Republik Venedig. Die Ionischen Inseln fallen an Frankreich.

1799 Der osmanische Sultan verbündet sich mit dem Zaren von Russland. Ihre Truppen vertreiben die Franzosen, die Ionischen Inseln werden in die Freiheit entlassen. Unter dem Schutz Russlands wird der Sieben-Insel-Staat gegründet.

1807 Der Vertrag von Tilsit spricht die Ionischen Inseln erneut den Franzosen zu.

1815 Der Wiener Kongress 1814/15 beschließt, die Ionischen Inseln unter britisches Protektorat zu stellen, verwaltet von einem Lordhochkommissar mit Sitz auf Korfu.

1821 Auf dem Festland beginnt der griechische Freiheitskampf.

1830 Die südlichen Teile des Festlandes werden frei; Europas Großmächte setzen 1832 den Prinzen Otto von Bayern auf den griechischen Thron.

1864 Großbritannien gibt die Ionischen Inseln am 21. Mai an den griechischen Staat zurück. Bis heute ionischer Nationalfeiertag.

1916 Korfu wird Stützpunkt der Alliierten.

1921/22 Ein Feldzug Griechenlands gegen die Türkei scheitert. Etwa 1,5 Mio. Griechen werden aus Kleinasien vertrieben, auch Korfu nimmt viele von ihnen auf.

1936–1940 General Metaxas aus Ithaka errichtet ein faschistisches Regime.

1940–1944 Im Zweiten Weltkrieg werden die Ionischen Inseln von den Italienern besetzt. 1943 folgen die Deutschen, die 1944 den britischen Truppen weichen.

1953 Ein Erdbeben verwüstet im August mehrere Ionische Inseln, v.a. Kefalonia und Zakynthos.

1967–1974 Die Obristen unter dem Diktator Papadopoulos legen Griechenland in Ketten. Nach dem Ende der Junta wird Konstantin Karamanlis Premier.

1981 Griechenland tritt der Europäischen Gemeinschaft bei.

1996 Andreas Papandreou, einer der bekanntesten Ministerpräsidenten des Landes, stirbt.

2002 Der Euro löst die Griechische Drachme nach 2500 Jahren als Zahlungsmittel ab.

2004 Olympische Sommerspiele in Athen. Griechenland wird Fußball-Europameister.

2005 Karolos Papoulias wird zum neuen Staatspräsidenten gewählt.

2012 Nach der zweiten Parlamentswahl in diesem Jahr bilden die konservative ND, die sozialistische PASOK und die Demokratische Linke eine Regierung unter Andonis Samaras.

2013 Die Regierung setzt den harten Spar- und Reformkurs im Zuge der Schuldenkrise fort, beschließt u.a. Steuererhöhungen.

Natur und Umwelt

Häufige Regenschauer und reichlich Sonne lassen eine artenreiche, stellenweise subtropische Vegetation gedeihen. Sogar Exoten wie die ursprünglich aus Asien stammenden Kumquatbäume, heimische Orchideen und die buschige, harzreiche Kefalonia-Tanne im Nationalpark am Enos › S. 101 gedeihen hier prächtig. Die abgeholzten Wälder ersetzt eine uralte Kulturpflanze – der Ölbaum. Zwischen teilweise verwilderten Olivenplantagen wachsen zudem Pinien, Platanen und Eukalyptusbäume. Schlanke, in der Ferne fast schwarz anmutende Zypressen umstehen Klöster, Kirchen und Friedhöfe. Macchia aus Ginster, Kräutern, Mastix, Erdbeerbäumen und Steineichen prägt die Landschaft. Auf dem fruchtbaren Boden der Ebenen und Hänge werden Obst, Gemüse und Wein angebaut. Wenn es im Gebüsch raschelt, könnte es eine Landschildkröte oder eine Natter sein. Die Schlangen sind meist harmlos. Ansonsten sieht man nur Ziegen, Schafe, Esel und streunende Hunde und Katzen. Tierschutz ist bei den Griechen kein Thema. Wem das Leid der Esel, die bei der Olivenernte geschunden und dann zum Sterben irgendwo angebunden werden, sowie das Schicksal der streunenden Hunde und Katzen nicht gleichgültig ist und wer helfen möchte (durch Spenden, Patenschaften oder als Flugpate), kann sich unter **www.tierhilfe-korfu.de** informieren, Tel. vor Ort 0030/6945973356).

Die Wasserqualität rund um die Inseln ist gut. Die jährlich verliehenen Blauen Flaggen belegen es. Doch so herrlich blau und klar sich das Ionische Meer zeigt, so trübe sind die Aussichten für einige seiner Be-

Hera, Io und das Meer

Oft genug war Hera schon betrogen worden, und nun schreckte Zeus, ihr Gatte und höchster Gott im Olymp, nicht einmal davor zurück, sich mit einer ihrer Priesterinnen einzulassen! Io hieß die junge Person, die Hera vor Eifersucht schäumen ließ. Um sie vor Heras Zorn zu schützen, verwandelte Zeus seine hübsche Geliebte in eine weiße Kuh. Just diese Kuh aber wünschte sich Hera hinterlistig von ihrem Angetrauten als Geschenk. Notgedrungen gab Zeus Io weiter, und Hera frohlockte: Der hundertäugige Argos wurde beauftragt, auf das schöne Tier aufzupassen. Wehe, wenn Zeus ihm zu nahe kommen sollte … Doch Hermes half dem untreuen Ehemann, Io zu entführen. Die wütende Hera schickte daraufhin Io eine Viehbremse nach, die sie zum Wahnsinn treiben sollte. In heller Panik floh die Arme vor diesem Insekt, rannte ins Meer. Erst in Ägypten kam sie wieder zur Ruhe. Das Meer, in das sie sich stürzte, trägt heute ihren Namen trägt.

wohner: Der Fischbestand wurde durch (illegale) Dynamitfischerei drastisch verringert, das Mittelmeer ist überfischt. Meeresschildkröten › S. 134 und Mönchsrobben › S. 109. sind zwar geschützt, auch durch den 1999 eingerichteten Meeresnationalpark. Aber wo es, wie bei Laganas auf Zakynthos, zum Konflikt mit der Tourismusbranche kommt, ziehen die Tiere wie so oft den Kürzeren.

Die Menschen

Die Griechen sind freundliche, weltoffene Menschen. Sie haben seit Jahrhunderten mit Fremden gelebt, und noch heute ist im Griechischen das Wort für Fremder und Gast dasselbe: *Xenos.* Dass sich in den Urlaubszentren die traditionelle Lebensweise durch den Tourismus nachhaltig verändert hat, ist nur zu verständlich. Dennoch wird man in Griechenland immer wieder auf Gesten der Gastfreundschaft treffen.

Religion

Während der Jahrhunderte des Osmanischen Reiches hat die Griechisch-Orthodoxe Kirche das Selbstverständnis der Griechen bewahrt. In geheimen Klosterschulen wurden Kenntnisse der Sprache und der Geschichte weitergegeben. Diese Tatsache hat der Kirche bis heute eine bedeutende Stellung in der Gesellschaft bewahrt. Die Orthodoxe Kirche weist darauf hin, dass sich ihr Glaube, auch die Form des Kultes, nie geändert hat, sie somit die älteste Form des Christentums repräsentiert. Auch wenn heute die Zahl praktizierender Christen zurückgeht, käme kaum jemand auf die Idee, aus der Kirche auszutreten.

Die Priester der Griechisch-Orthodoxen Kirche, die Papades, erhalten ihr Gehalt vom Staat. Sozialarbeit wird von der Kirche so gut wie nicht verrichtet; dies gilt als staatliche Aufgabe. Die Gemeinden haben als Einnahmen lediglich das Kerzengeld und freiwillige Spenden, die bei Trauungen, Taufen oder Trauerfeiern reichlich fließen. Die Klöster verfügen zudem oft über ansehnlichen Grundbesitz. Der normale griechische Papas ist verheiratet. Lediglich für Bischöfe gilt der Zölibat. Von den rund 60 Bischofssitzen in Griechenland befinden sich drei auf den Ionischen Inseln.

Kunst und Kultur

Mykener, Venezianer und Franzosen haben farbige Steinchen im Kulturmosaik der Ionischen Inseln hinterlassen. Dennoch sind die Inseln kein Ziel für klassische Bildungsreisende. Die Ruinen der griechischen Antike vermögen keinen tiefen Einblick in die Kunst der Alten zu geben; das haben Erdbeben verhindert. Dafür ist auf den Ionischen Inseln eine Mischung aus griechischen und italienischen Stilelementen entstanden, die einzigartig ist.

Minoisch-mykenische Ära (2600–1100 v. Chr.)

Mauern, wie von Zyklopenhand geschaffen, sind nahezu alles, was auf den Ionischen Inseln vom Glanz der minoisch-mykenischen Epoche übrig blieb. Die Minoer hatten auf Kreta eine Hochkultur geschaffen, deren Paläste von farbenfroher Eleganz waren. Ihr Reich ging zwar um 1450 v. Chr. unter, doch Elemente ihrer Kultur überlebten. So verzierten die Mykener ihre Keramik mit minoischen Motiven. Mykenische Vasen und Waffen wurden auch in Gräbern auf Kefalonia gefunden. Auf Ithaka untersuchten Archäologen die Überbleibsel der mächtigen Mauern aus Steinquadern, die typisch für mykenische Bauwerke sind.

Geometrische Zeit (1100–700 v. Chr.)

Kunsthistorisch bedeutend sind in dieser Epoche vor allem die Vasen mit ihren schlichten geometrischen Mustern, Linien, Kreisen und Mäandern. Aufwendiger hingegen ist die Literatur, die gegen Ende des geometrischen Zeitalters entstand: Der blinde Dichter Homer verfasste die »Ilias« und die »Odyssee« in wohlklingenden Versen. Homer war der erste Dichter des Abendlandes.

Vasenmalerei

Neben der Architektur präsentierte sich in der Archaischen Zeit auch die Keramik neu. In Athen wurden schwarze Figuren auf tonrote Vasen gemalt. Dem schwarzfigurigen folgte der rotfigurige Stil, dessen Darstellungen sich leuchtend vom schwarz glänzenden Grund abheben. Er setzte sich schließlich im ausklingenden 6. Jh. v. Chr. durch. Die feinen Motive der Vasenmalerei, von Heldenszenen bis hin zu Musikern, erhalten den Lebensstil der Antike bis heute lebendig.

Archaische Periode (700–500 v. Chr.)

Wer kennt nicht das »archaische Lächeln«? Es ist Ausdruck einer wichtigen Entwicklung in der Plastik: Die ersten archaischen Standbilder zeigen Personen in starrer Haltung. Erst das berühmte Lächeln nahm den Gesichtern die bis dahin typische Strenge. Im Tempelbau experimentierten die Architekten erfolgreich mit Stein. Der meisterhafte Giebel des Artemis-Tempels auf Korfu z.B. (um 590 v. Chr.) ist eines der besterhaltenen archaischen Kunstwerke. Mittelpunkt der dynamischen Komposition ist die Gorgo Medusa, um deren Kopf sich züngelnde Schlangen winden › S. 54. Die mächtigen Giebel der neuen Tempel werden von dorischen Säulen mit kräftigen, kannelierten Schäften getragen.

Minoische Keramik

Die Klassik (500–330 v. Chr.)

Eine Epoche genialer Maßarbeit: Architektur und Plastik folgten exakten Regeln, um dem allgemein gültigen Ideal zu entsprechen. Auf der Akropolis in Athen beaufsichtigte Phidias die Ausschmückung des Parthenons, des großen Meisterwerks klassischer Baukunst. Selbst Säulen wurden kunstvoller gearbeitet. Der griechische Stamm der Ionier – sein Name leitet sich von Ion, Sohn des Gottes Apollon, ab und hängt nicht mit dem Ionischen Meer zusammen › S. 28 – entwickelte in Kleinasien die schlanke ionische Säule mit dem Volutenkapitell. Daneben gibt es die korinthische Säule, die ein Kapitell aus Blattwerk krönt. Die Bildhauer bemühten sich erfolgreich um die ideale Darstellung des menschlichen Körpers. So meißelte Praxiteles einen Hermes von unvergänglicher Schönheit aus weißem parischem Marmor. Er ist in einem eigenen Saal im Museum von Olympia zu bewundern.

Hellenistische Zeit (330–146 v. Chr.)

Die hellenistische Kunst strebte zurück zur Natur. Das seelenlose Idealbild verlor an Anziehungskraft, gefragt war die naturgetreue Darstellung. Zu den gelungenen Skulpturen dieser Epoche zählt die Laokoon-Gruppe, die im Vatikanischen Museum in Rom ausgestellt ist. Der verzweifelte Kampf Laokoons und seiner Söhne gegen eine Riesenschlange ist in Stein gefasstes Entsetzen. Auch in der Baukunst herrschte Aufbruchsstimmung. Die Architekten erschufen neue Gebäudeformen, bauten Markthallen und Bibliotheken.

Detail eines römischen Mosaikes: Alexander der Große im Kampf gegen die Perser 333 v. Chr. bei Issos.

Römische Epoche (146 v. Chr.–395 n. Chr.)

Für die Römer war Griechenland ab 146 v. Chr. zwar verwaltungsmäßig eine Provinz, nicht aber kulturell. Da die Römer jedoch im Bereich der Kunst von den Besiegten Neues zu übernehmen pflegten, florierte der Export griechischer Skulpturen. In Rom zierten sie Plätze und die Häuser reicher Patrizier. Die Römer wiederum brachten ihr Ingenieurtalent in die griechische Architektur ein: Rundbögen und Gewölbe. Auch die Kaiser des Imperiums schätzten Griechenland. So besuchte Nero die Insel Korfu, auf der reiche Römer Thermen und prächtige Landhäuser unterhielten.

Byzantinische Kunst (395–1453)

Nach dem Zerfall des Weströmischen Reiches entstand in Ostrom eine eigene Kultur mit stark orientalischen Impulsen. Die byzantinischen Kirchen, wie die korfiotische Kreuzkuppelkirche Jasonos ke Sosipatros aus dem 12. Jh. ❯ S. 57, gleichen wahren Schatzhäusern. Fresken in intensiv leuchtenden Farben zeigen die Heiligen mit würdevollen, entrückten Mienen; Mosaiken mit kostbarem Goldgrund schmücken die Kuppeln. Ikonen werden in die Trennwände zwischen Kirchenraum und dem Heiligen eingefügt. Beliebtes Motiv ist die Panagia, die Allheilige, die Gottesmutter. Voller Ernst blickt sie den Betrachter leidend und tröstend an. Dass Heilige in menschlicher Gestalt gezeigt werden dürfen, ist nicht selbstverständlich: 729 brach in der byzantinischen Kirche ein theologischer Streit darüber aus, ob die Darstellung des Göttlichen im Bild und die Verehrung von Bildern religiösen Inhalts zulässig seien. Zum Glück für die Kunstfreunde setzten sich in diesem Bilderstreit die Ikonenanhänger durch.

Die Dogen auf den Ionischen Inseln (14.–18. Jh.)

Die Venezianer brachten vom Ende des 14. Jhs. an einen Hauch italienischer Grandezza in die griechisch-byzantinische Kunst. Ihre westlich-mediterrane Kultur durchdrang das Leben auf den Ionischen Inseln und drückte byzantinisch-oströmischer Architektur den Stempel auf. Eindrucksvolle Beispiele venezianischer Baukunst sind auf den Inseln erhalten. Durch das Tor der Festung von Assos ❯ S. 104 auf Kefalonia sind nie Eroberer eingedrungen, und wer an Zakynthos' Hafen den

Campanile der Kirche Agios Dionisios › S. 128 betrachtet, fühlt sich nach Venedig versetzt.

Die bildenden Künstler auf Korfu und Zakynthos erhielten neue Anregungen durch den aus Kreta stammenden Maler Michael Damaskenos, der in seinen Ikonen Venedig und Byzanz zu einem neuen Stil verschmolz. Seine Darstellung der Enthauptung Johannes des Täufers gleicht einer dramatischen Momentaufnahme. Der natürliche Ausdruck der bewegten Gesichter wäre mit den Mitteln der streng kanonisierten byzantinischen Kunst nicht zu erreichen gewesen. Arbeiten von Damaskenos sind in der Pinakothek von Korfu zu bewundern. Nicht nur die Malerei, auch Literatur und Theater lehnten sich an

Erinnert an Venedig:
Agios Dionisios in Zakynthos

italienische Vorbilder an. Die musikbegeisterten Insulaner nahmen italienische Elemente auf. Auf Zakynthos entstanden die *Cantades*, sehnsuchtsschwere Volkslieder.

Nach der Eroberung Konstantinopels 1453 durch die Osmanen war dem byzantinischen Glanz das Ende bereitet. Die Sultane pflegten eine andere, die türkische Hofkultur. Die Ionischen Inseln blieben von solchem Einfluss verschont, da Venedig zwischen 1386 und 1797 als Schutzmacht fungierte. Allein Lefkada geriet für längere Zeit in den islamischen Kulturkreis.

Die Franzosen und Briten auf Korfu (19. Jh.)

Die Franzosen setzten Anfang des 19. Jhs. auf Korfu mit Häusern im Empirestil äußerst charmante Akzente. Die schöne Flaniermeile der Esplanade in Korfu-Stadt mit ihren eleganten Kolonnaden gab der französische Gouverneur Baron Mathieu de Lesseps 1807 in Auftrag. Die nachfolgenden Briten errichteten zahlreiche neoklassizistische Gebäude wie den Gouverneurspalast, den die Engländer nach St. Michael und St. George benannten.

Lyrik

Die moderne griechische Literatur hat gleich zwei Nobelpreisträger vorzuweisen: den Lyriker Jorgos Seferis, der 1931 mit seinem Gedichtband »Strofi« (»Wende«) am Neubeginn der griechischen Dichtung steht, und Odysseas Elytis. Er gilt als der Dichter der Lebensfreude und des Kampfes für die Freiheit. Die weltberühmten Romane von Nikos Kazantzakis, darunter »Alexis Sorbas«, »Rechenschaft vor El Greco« und »Griechische Passion«, sind geprägt von der philosophischen Betrachtung der Probleme des menschlichen Lebens sowie der mystischen Beziehung zu Gott. Der geschichtliche Hintergrund ist oft die Auseinandersetzung zwischen Griechen und Türken nach dem für Griechenland verlorenen Krieg von 1920/22.

Musik

Musik ist ein unersetzlicher Ausdruck griechischer Identität. Selbst die moderne Musik wurzelt unüberhörbar in der Volksmusik, aus der zeitgenössische Komponisten wie Mikis Theodorakis immer wieder Impulse erhalten. Dabei stützen sie sich nicht nur auf die unbeschwerten Melodien des Sirtaki, sondern auch auf den sehnsuchtsvollen Rembetiko, der das melancholische Lebensgefühl des orientalischen Griechenland spiegelt. Seit dem ausgehenden 20. Jh. fließen auch stärker Elemente von Jazz und Techno-Rhythmen in die Lieder ein. Popsänger wie Sakis Rouvas, Despina Vandi oder Anna Vissi sind in Griechenland Stars. Klassische Musik sucht man hingegen weitestgehend vergebens. Während der Türkenzeit waren kulturelle Entwicklungen dahingehend nicht möglich.

Griechische Tänze

Tanz ist auf den Inseln lebendige Tradition. Schon in der Schule üben die Kinder die Schrittfolgen des Rundtanzes *Sirtos.* Auch der *Kalamatianos,* der mit seinem hin- und herwogenden Tänzerreigen an die nie endende Wellenbewegung des Meeres erinnert, wird getanzt. Leidenschaftlich ist der *Seimbekikos,* der einen Messerkampf symbolisiert. Jede Insel hat eigene Tänze. Auf Zakynthos fassen die Tänzer einander um die Schultern und beginnen den *Kinigos,* den Tanz der Jäger. Die Lefkadier haben dem Volkstanz sogar ein internationales Festival gewidmet: Bei »Wort und Kunst« präsentieren sich im August Folkloregruppen in ihren farbenprächtigen Trachten.

Das griechische Kino

Der Film gehört zu den international bekannten Sparten der modernen griechischen Kunst. Die Regisseure Kakojannis, Costa-Gavras und Angelopoulos erreichten mit ihren Filmen Millionen Zuschauer. Kakojannis machte die Gestalt des Kreters Alexis Sorbas, nach dem Buch von Nikos Kazantzakis 1964 weltberühmt. Costa-Gavras beeindruckt mit politischem Engagement, während Angelopoulos hohen künstlerischen Anspruch erhebt. 1998 erhielt er für seinen Film »Die Ewigkeit und ein Tag« die Goldene Palme von Cannes.

Feste und Veranstaltungen

Die Griechen feiern gern und oft. Der **Namenstag** wird in Griechenland wie bei uns der Geburtstag mit Freunden gefeiert. Heilige, denen eine Kirche geweiht ist, werden an ihrem Namenstag mit einem ausgelassenen Fest, dem **Panijiri,** geehrt. Nach dem Gottesdienst warten ein Festmahl und Tanz auf die Gläubigen. Das Panijiri des Inselschutzheiligen gerät auf Korfu, Kefalonia und Zakynthos zum Volksfest mit prächtigen Prozessionen, und auch die fremden gehören beim Feiern dazu.

Karneval wird sieben Wochen vor Ostern gefeiert, mit Umzügen in Korfu- und Zakynthos-Stadt. Ende des Karnevals ist am »sauberen Montag« (Rosenmontag).

Ostern auf den Ionischen Inseln

Ostern ist das höchste Fest der Griechisch-orthodoxen Kirche. Es wird nach dem Julianischen Kalender berechnet, weicht vom Termin der westlichen Christen um eine bis fünf Wochen ab. Fällt der westliche Termin in die späten April, feiert die Christenheit gemeinsam. Orthodoxer Ostersonntag ist in den kommenden Jahren am 5. Mai 2013, am 20. April 2014, am 12. April 2015, am 1. Mai 2016.

Besonders die Ionischen Inseln sind für ihre **lebendigen Osterbräu-** **che** bekannt. Während der »Megali Evdomada«, der »großen Woche« (Karwoche), füllt sich v.a. Korfu-Stadt. Zum höchsten Fest der Orthodoxen Kirche kommt die ganze Familie zusammen, sogar Verwandte aus dem Ausland scheuen die Anreise nicht.

Eines der wichtigsten religiösen Ereignisse auf Korfu: die Osterprozession

Am Karfreitag beginnen die Feierlichkeiten mit den Trauerprozessionen der Kirchen. Die größte startet in Korfu-Stadt an der Mitropolis. Vorweg marschieren die Musikkapellen, ein melancholischer Trauermarsch erklingt. Hinter den Oboen und Posaunen folgen die Bannerträger, würdevoll schreiten sie mit den bestickten Fahnen der Kirchen einher. Schwer lastet das Kreuz auf den Schultern des jungen Mannes, dem die Ehre zukommt, es zur Erinnerung an den Tod Christi in der Prozession zu tragen. Kaum sind die Gymnasiasten und Pfadfinder vorbeimarschiert, kommt der Epitafios in Sicht. Der blumengeschmückte Baldachin über der Ikone ist das Symbol für das Grab Christi. Priester in goldvioletten Messgewändern, in ihrer Mitte der Metropolit mit seiner glänzenden Krone, schließen sich gemessenen Schrittes dem Epitafios an. Die folgende Nacht ist nicht lang. Denn der Karsamstag ist – und das gibt es nur auf Korfu – der »Ersten Auferstehung« gewidmet. Am Morgen findet zuerst eine Prozession an der Esplanade statt. Die Mumie des heiligen Spiridon wird aufrecht stehend in einem silbernen Schrein durch die Menge getragen. Kaum ist die Prozession vorbei, schwärmen Zehntausende in die Altstadt aus. Gespannt blicken sie zu den geöffneten Fenstern der Häuser. Auf den Fensterbänken stehen schon Tonkrüge, Vasen und Blumentöpfe bereit. Mit dem 11-Uhr-Glockenschlag werden diese unter dem fröhlichen Jubel der Menge hinuntergeworfen und zerspringen knallend auf dem Pflaster. So laut geben die Korfioten ihrem Ärger über den Verrat des Judas an Jesus Christus Ausdruck.

Nach dem Spektakel spielen wieder die Kapellen, Kinder kaufen Zuckerwatte und die Erwachsenen weiße Osterkerzen. Jeder freut sich auf die »Anastasi«, die Auferstehung Christi. Doch die Feier beginnt Stunden später. Die Menschen versammeln sich auf der Esplanade, halten brennende Kerzen in Händen und warten auf den Metropoliten, der sich unter feierlichen Gesängen nähert, um auf dem Platz die Messe zu zelebrieren. Um Mitternacht ist es endlich so weit: Mit einem Schlag ist der Platz hell erleuchtet, das hohe Kreuz auf der Alten Festung erstrahlt im Licht Hunderter Glühbirnen. Man wünscht einander Glück: *Christos anesti* – Christus ist auferstanden – und antwortet *Alithos anesti* – er ist wahrhaftig auferstanden. Ein prachtvolles Feuerwerk verkündet es mit donnernden Schlägen.

Nach den Fastentagen darf nun geschlemmt werden. Noch in der Nacht wird die Ostersuppe Majiritsa aufgetischt, eine Spezialität aus Innereien und Därmen. Am Ostersonntag drehen sich die Lämmer über der glühenden Holzkohle, sorgfältig eingepinselt mit einer Mischung aus Salz, Öl, Kräutern und Zitronensaft. Ein alter Brauch erfreut sich nicht nur bei Kindern großer Beliebtheit: Überall schlägt man die roten Ostereier gegeneinander. Für den, dessen Eierschale keinen Knacks bekommt, wird es ein glückliches Jahr.

Festkalender Korfu

8. Juli: Volksfest in Lefkimi zu Ehren des hl. Sotiros.

Juli/August: Kulturtage in **Korfu-Stadt,** Veranstaltungen in der Alten Festung.

10. August: Fischerfest in mehreren Küstenorten.

12. Dezember: Namenstag des **hl. Spiridon.** In Korfu-Stadt erlebt man dann Umzüge mit Spielmannszügen. Der Reliquien des Heiligen werden im Glassarg mitgeführt. Mehrmals im Jahr finden Feste zu Ehren des Inselpatrons statt: Palmsonntag (Errettung von der Pest 1628), Ostersonnabend (Ende einer Hungersnot 1550), 11. August (Rettung vor den Türken 1716), 1. Sonntag im November (Ende der Pest 1673).

Festkalender Lefkada

3. Mai: Fest zu Ehren der hl. Mavra in der Festung Santa Maura.

Ende Mai/Anfang Juni: Fest der **Offenbarung Marias** im Kloster Faneromenis.

August: Internationales **Folklorefest** in der Hauptstadt.

7. August: Linsenfest in Englouvi.

Sa/So vor dem 15. August: Feier der **Hochzeit von Karia** › S. 87.

Festkalender Kefalonia

15. August: Kirchweihfest und **Schlangenmysterium** in Markopoulo › S. 113.

Ende August/Anfang September: Chorfest in Argostoli.

15. August und 20. Oktober: **Prozessionen zu Ehren des hl. Gerasimos,** des Inselpatrons.

Festumzug auf Korfu am 21. Mai

23. August: »9. Tag im Himmel«, **Volksfest** in Lixouri.

Festkalender Ithaka

Mai/Juni: Laientheaterfest in Vathy.

30. Juni: Fest der zwölf Apostel in Frikes.

5./6. August: Volksfest in Stavros.

Ende August: Odysseusgedenken in Vathy.

8. September: Marienfest im Kloster Kathara.

Festkalender Zakynthos

23. April: Kirchweihfest in Katastari.

3. Mai, 1. Sonntag im Juni: Fest zu Ehren von Santa Maura in Macherados.

26. Juli: Fest der hl. Paraskevi in Volimes.

August: Festival des Volkstheaters in der Hauptstadt.

24. August und 17. Dezember: **Prozessionen** zu Ehren des Inselpatrons, des hl. Dionisios.

Essen und Trinken

Oriste – so begrüßen griechische Kellner ihre Gäste, und dieses »Bitte sehr?« kann der Beginn einer lebhaften Diskussion sein. Was gibt es heute? Ist es frisch? Haben Sie Wein vom Fass? Alles wichtige Fragen, denn schließlich halten Essen und Trinken Leib und Seele zusammen.

Zum Essen kommt alles auf den Tisch: Teller, Besteck und Brot, Familienprobleme und Dorfklatsch. Küche und Taverne sind wichtige Zentren des sozialen Lebens. Urtümlichen Reiz haben die einfachen Tavernen und *Estiatoria,* wo man nicht nach Karte bestellt, sondern in die Töpfe schaut. Lassen Sie sich bei Ihrer Wahl vom Duft leiten.

Wenn Gäste sich zum Speisen an einen Tavernentisch setzen, bringt der Ober automatisch Brot, das nachher mit einer kleinen Summe auf der Rechnung auftaucht, obwohl es nicht ausdrücklich bestellt wurde. In vornehmeren Lokalen wird das nach Personenzahl als »Cover Charge« berechnet.

Die Griechen gehen gern in einer *Parea,* einer Gruppe von Freunden oder Verwandten, zum Essen aus. Die verschiedenen Gerichte kommen mitten auf den Tisch, jeder bedient sich nach Lust und Laune. Meistens wird mehr bestellt, als die Parea essen kann. Man will nach Jahrhunderten des Mangels zeigen, dass man es sich heute leisten kann. Am Schluss gibt es Diskussionen, wer bezahlen darf. Jeder will partout Gastgeber sein. Oft löst man den Streit dadurch, dass mehrere Personen Geldscheine auf den Tisch legen, bis die Summe einschließlich Trinkgeld beisammen ist.

Traditionelle Küche

Die »unersetzlichen Drei«, nämlich Olivenöl, Oregano und Tomaten, geben den Gerichten das unverwechselbare Aroma. Das fehlt auch bei den Spezialitäten der Ionischen Inseln nicht: *Pastitsada,* geschmortes Rindfleisch oder Huhn in Tomatensoße, *Sofrito,* Fleisch mit Reis und Weißweinsoße, und *Skordalia,* eine Kartoffel-Knoblauch-Paste.

Die Qualität der Früchte prüfen die Hausfrauen genau

Oliven – Elies

Silbergrüne Oliven, griechisch *elies,* prägen die Landschaft der Ionischen Inseln. Die Bäume wachsen hier ungewöhnlich hoch, bis zu 7 m, die Stämme zu bizarren Holzskulpturen verdreht. Die Mythologie lehrt, die Olive sei ein Geschenk der Göttin Athene. Tatsächlich haben wohl die Minoer die Pflanze aus Kleinasien nach Kreta gebracht.

Von den rund 130 Mio. griechischer Olivenbäume wachsen auf Korfu mehr als 3 Mio. Die Venezianer hatten den Anbau mit einer Prämie von 10 Goldstücken für 100 neu gesetzte Stecklinge gefördert. Kein Wunder, dass Korfu als die grüne Insel Griechenlands gilt. Leider dezimiert sich seit einiger Zeit die Zahl der Bäume. Ein strengeres Gesetz soll gegen das illegale Holzfällen helfen.

Von Anfang an war die Olive kostbar. Im alten Olympia erhielten die Sieger der Wettkämpfe Öl vom Heiligen Hain als Preis. Heute ist es ein Grundnahrungsmittel. Die Wirtschaft profitiert von der Fruchtbarkeit der Pflanze, Griechenland ist der Welt drittstärkster Olivenölexporteur.

Die Bäume werden mehrere Jahrhunderte alt und bringen alle zwei Jahre reiche Ernte. Von November bis März werden Netze auf dem Boden ausgelegt, auf die die reifen Früchte fallen. Reife Oliven sind immer schwarz, grüne werden früher geerntet. Was nicht freiwillig fallen will, wird mit langen Stangen oder motorisierten Schlagstöcken abgeschlagen. So wie sie vom Baum kommen, sind Oliven ungenießbar. Sie erhalten ihren Geschmack als Tafeloliven erst durch das Einlegen in eine Lake aus Wasser, Essig, Salz und Gewürzen. Früher haben die Frauen jede Frucht einzeln mit einem Messerchen eingeritzt, damit der Geschmack der Marinade eindringen konnte. Jedes Dorf hatte eine Ölmühle. Heute geschieht das Pressen zentralisiert. Dabei gibt es beim Öl Qualitätsunterschiede. Das beste Öl ist das der ersten Pressung, extra vergine steht oft auf der Flasche. Die Griechen schwören, ihr Öl sei besonders wertvoll. Pro Person verbrauchen griechische Familien jährlich ca. 30 l Öl.

Daneben werden in den Tavernen die in Griechenland üblichen Aufläufe serviert, z.B. *Mousaka,* mit dicker Bechamelsoße überbackene Schichten von Auberginen und Hackfleisch, *Souvlakia,* kleine Spieße, und *Biftekia,* deftige Hacksteaks. Empfehlenswert ist der Besuch einer *Psarotaverna,* eines Fischrestaurants. Fisch ist allerdings teuer, weil die griechischen Gewässer überfischt sind. Viele Wirte haben sich inzwischen auf die Wünsche der Gäste aus dem Norden eingestellt. Sie servieren Filterkaffee und Eier sowie Wiener Schnitzel mit Pommes.

Köstliche Süßigkeiten

Wer Süßigkeiten schätzt, ist im *Sacharoplastion,* der Konditorei, am richtigen Ort. Beim Tortenbacken sind die Griechen Meister! Ganze Vitrinen sind mit himmlischen *Turtes,* Sahnetorten, gefüllt. Die ionischen Köstlichkeiten tragen so klangvolle Namen wie *Konfeto,* hergestellt mit Quitten und Mandeln, *Ravani,* aus Honig und Grieß, *Mandoles,* gebrannte Zuckermandeln, *Mandolato,* ein Honignougat, oder *pastelli,* Knusperriegel aus Sesam und Honig. Sollte man bei Griechen eingeladen sein, sind Süßigkeiten, meist nett in einer Schachtel verpackt, ein beliebtes Mitbringsel.

Kafedaki und Ouzo

Kaffee wird in verschiedenen Variationen serviert. Eisgekühlt präsentiert er sich im Sommer als erfrischender Frappé, geschlagener Nescafé, den man mit oder ohne Milch bestellen kann. Für die Einheimischen unentbehrlich ist der griechische Kaffee, der *Kafe elleniko.* Der kleine starke Mokka enthält noch den ganzen Kaffeesatz. Man bestellt den Kaffee *sketo* (ohne Zucker), *metrio* (halbsüß) oder *gliko* (sehr süß). Hochprozentiges wie der milde Weinbrand *Metaxa* wird oft großzügig ausgeschenkt. Auf Korfu wird süßer Likör aus den exotischen Kumquats, kleinen Goldorangen, hergestellt. Der bekannte Anisschnaps *Ouzo* wird als Aperitif zu **Mesedes** gereicht. Diese kleinen Leckereien der griechischen Küche, wie Käsetäschchen aus Blätterteig, marinierter Oktopus oder würzige Hackfleischbällchen, sollten Sie sich nicht entgehen lassen.

Zum beliebtesten alkoholischen Getränk entwickelte sich in jüngerer Zeit Bier, beliebte griechischen Marken sind »Alfa Hellenic«, »Mythos« und »Marathon«.

Frisch schmeckt Pastelli am besten

Ionischer Wein

»Die Trauben dieses Berglandes ergeben einen Wein, der leicht perlt und einen schwachen Beigeschmack nach Schwefel und Felsen hat. Wenn du in Lakones nach Rotwein fragst, bringen sie dir ein Glas vom Blute Vulkans«, so beschrieb der Schriftsteller Lawrence Durrell in seinem Buch »Schwarze Oliven« den roten *Ropa* von Korfu. Fruchtbare Böden, mildes Klima und antike Tradition, verbunden mit der italienischen Kunst des Kelterns, geben den ionischen Weinen ihren besonderen Charakter. Die besten Flaschenweine, *Calligas* (weiß: *aspro,* rot: *mavro* oder rosé: *kokkineli*) und der weiße *Gentilini* aus Kefalonia genießen einen guten Ruf. Die trockenen Weißweine werden aus der *Robola*-Traube gekeltert.

Eine Spezialität auf Zakynthos ist der trockene rote oder weiße *Verdea.* Den weißen oder roten *Vertzamo* findet man nur auf Lefkada. Jeder Wirt schenkt aber auch seinen Hauswein vom Fass aus – *krasi tou vareliou,* der in jeder Taverne anders schmeckt.

Das Kafenion

Ein Besuch im Kafenion gleicht einem Schnellkurs in griechischer Lebensweise. Natürlich gibt es auch auf den Ionischen Inseln viele der traditionellen Kaffeehäuser. Wer glaubt, dass man hier nur ein Schwätzchen bei seinem Mokka oder beim Tavlispiel (dem griechischen Backgammon) hält, lässt sich von der Beschaulichkeit täuschen. Manches Plaudern ist in Wirklichkeit ein Beratungsgespräch zwischen Anwalt und Mandant oder ein intensives Feilschen um den Erntepreis. Der Wirt kocht Kaffee, verkauft Brot und kennt die Neuigkeiten des Dorfes. An den wackligen Tischen eines Kafenions wird eben mehr geboten als *Kafe elleniko.*

Die empfehlenswertesten Restaurants

■ Auf einer Terrasse am oberen Ende des Rathausplatzes von Korfu-Stadt wird man im Restaurant **Dimarchio** nach allen Regeln der Kochkunst verwöhnt. › S. 56

■ Unter Zitronenbäumen sitzt man urgemütlich im schönsten Gartenlokal von Lefkada-Stadt, wird vom Chef des **Lighthouse** persönlich bedient. › S. 79

■ Essen wie die alten Griechen kann man bei **Patsouras** in Argostoli. Man schaut in die Töpfe, schnuppert und trifft seine Wahl. Draußen und drinnen wird serviert. › S. 97

■ Busfahrer wissen, wo es schmeckt. In Fiskardo treffen sie sich in der ältesten Taverne des Dorfes, bei **Tselentis**. Natürlich ist hier jeder willkommen. › S. 105

■ Auf Ithaka schmecken Fisch und Schalentiere im eleganten **Liberty** in Vathy besonders gut, inklusive romantischem Sonnenuntergang am Meer. › S. 116

■ Der Koch, ein Künstler: So beschreiben Kenner die Taverne **Stou Zisi** in Zakynthos-Stadt, einige Straßen vom Wasser entfernt, dafür nicht so teuer. › S. 131

Unterwegs auf den Ionischen Inseln

Entdecken Sie die einzelnen Reiseregionen –
jeweils mit den schönsten Touren, allem Sehens-
und Erlebenswerten, Hotels-, Restaurants-,
Nightlife- und Shoppingtipps

Korfu und Paxos

Nicht verpassen!

- Bummel durch die venezianisch geprägte Altstadt von Korfu
- Den Blick von Kanoni über die Lagune mit dem Kloster der Panagia Vlacherna und der Mäuseinsel
- Zum Sonnenuntergang in den Bergort Pelekas fahren, wie einst Kaiser Wilhelm II.
- Vom Kloster Paleokastritsa den zauberhaften Blick auf die Felsküste genießen
- Baden an den Klippen von Sidari
- Einen Abend am gemütlichen Hafen von Gaios auf Paxos verbringen

Zur Orientierung

Jahr für Jahr zieht es Zigtausende Urlauber nach **Korfu**, auf die zweitgrößte und mit ihren rund 120 000 Einwohnern zugleich bevölkerungsreichste Insel des Ionischen Archipels. Verwunderlich ist das nicht, erliegt man doch nur zu leicht dem Zauber der Landschaft mit ihren silbrig schimmernden Olivenhainen, den Zypressen, den herrlichen Stränden vor türkisfarbenem Meer.

Antike Altertümer gibt es auf Korfu kaum zu bestaunen, dennoch mangelt es nicht an Sehenswürdigkeiten. Die malerische Altstadt von Korfu-Stadt, die 2007 von der UNESCO zum Weltkulturerbe der Menschheit erklärt wurde, zählt zu den zauberhaftesten Städten Griechenlands. Fantastische Museen ziehen kulturell Interessierte magisch an. Außerdem locken Mon Repos, das Urlaubsschlösschen der griechischen Königsfamilie, sowie die Garitsa-Bucht, an der man herrliche Spaziergänge unternehmen kann. Und der Blick von der Höhe von Kanoni über die Lagune mit dem Kloster der Panagia Vlacherna und der Mäuseinsel ist in natura noch schöner als auf Postkarten. Nicht weit ist es zum Achillion, dem Schloss von Kaiserin Elisabeth von Österreich und Kaiser Wilhelm II.

Korfu-Stadt zählt zu den schönsten Städten Griechenlands

Neben kulturellen Highlights verspricht Korfu auch Badefreuden und beste Wassersportmöglichkeiten: Ganz im Norden der Insel liegen die schönsten Strände und Badebuchten, bei Sidari mit dem Canal d'Amour badet man zwischen gelben Lehmwänden. Vom zauberhaften Paleokastritsa aus zwängen sich Richtung Süden kleine Buchten zwischen die Felsen. Ganz im Süden, in Kavos, tobt sich die Jugend Nordeuropas aus. Und an der Ostküste reihen sich an die schmalen Strände viele international bekannte Badeorte: Messongi und Benitzes, Dassia, Pirgi, Ipsos und Nissaki.

Die nur 19 km² große Insel **Paxos** galt lange als Geheimtipp, zumal die Kleinste der Ionischen Inseln nicht leicht zu erreichen war. Das hat sich durch einen neuen Fähranleger geändert, an dem selbst große Schiffe aus Italien festmachen. Von Korfu aus braucht man knapp eine Stunde mit dem »Flying Dolphin« bis Paxos, die doppelte Zeit mit einem der Ausflugsdampfer.

Neben dem Haupthafen Gaios im Süden findet der Besucher in zwei Miniaturhäfen im Norden, in Lakka und Longos, freundliche Aufnahme. Wer gleich mehrere Tage auf Paxos bleibt, kann sich mit dem Kaiki zum Baden auf den noch kleineren Ableger der Insel, nach Antipaxos, übersetzen lassen.

Touren in der Region

Olivenhaine und Liebeskanal – Korfus Norden

─③─ Korfu-Stadt › Kontokali › Gouvia › Dassia › Nissaki › Kalami › Kassiopi › Acharavi › Roda › Sidari › Troumbettas › Skripero › Gouvia › Korfu-Stadt

Dauer: Tagestour, ca. 100 km
Praktische Hinweise: Diese Tour über die abwechslungsreiche Küstenstraße sollte man mit dem Wagen unternehmen. Überlandbusse fahren bis Kassiopi; von dort gibt es eine Querverbindung entlang der Nordküste bis Sidari. Badesachen nicht vergessen, die flachen Strände im Norden Korfus laden ein!

Korfu bietet traumhafte Panoramen (hier bei Lakones)

Der Blick auf pittoreske Buchten und herrliche Bademöglichkeiten machen den Reiz dieser Tour aus. Man verlässt **★★★Korfu-Stadt** › S. 50 Richtung Norden und folgt der Küstenstraße, vorbei an teilweise sehr modernen Hotelkomplexen und den Stränden bei **Kontokali, ★Gouvia** › S. 62 und **Dassia** › S. 61. Die Straße zwängt sich manchmal dicht am bewaldeten Bergrücken entlang. Wo sich noch vor einigen Jahren Olivenhaine erstreckten, locken heute die kleinen Urlaubsstädtchen **Barbati** und **Nissaki** › S. 61. Eine Stichstraße führt rechts zum Ausflugsort **Kalami** › S. 61 hinunter. Hier ist das berühmte Weiße Haus zu finden, in dem kurz vor Ausbruch des Zweiten Weltkrieges der britische Schriftsteller Lawrence Durrell lebte und den amerikanischen Kollegen Henry Miller empfing. Heute beherbergt es ein empfehlenswertes Restaurant, in das man einkehren sollte. Die albanische Küste scheint jetzt zum Greifen nahe.

Nächstes Ziel ist die kleine Hafenstadt **★Kassiopi** › S. 69 im Nordosten. Von hier führt eine gut ausgebaute Straße Richtung Westen. Die flachen Strände bei **Acharavi** › S. 68 und **Roda** › S. 68 sind v.a. bei Familien mit Kindern beliebt. In **Sidari** › S. 67 ist nicht nur der Blick auf den **★Canal d'Amour** einen Stopp wert. Hier sollten Sie unbedingt eine Badepause einlegen.

Gute Fahrkünste erfordert die Landstraße, die von Sidari über **Messaria** und **Kastelani** nach

Troumbettas auf dem Scheitelpunkt der Bergkette führt und zu einer Kaffeepause verlockt.

Über **Skripero** geht es weiter, um bei **Gouvia** wieder die Küstenstraße zu erreichen, die nach Korfu-Stadt zurückführt.

Zu Sisis Schloss – Korfus Süden

④ Moraitika › Gastouri (Achillion) › Kinopiastes › Agii Theodori › Agios Matheos › Moraitika

Dauer: Halbtagestour, ca. 55 km
Praktische Hinweise: Diese Tour sollte man auf jeden Fall mit dem PKW unternehmen. Für die Besichtigung des Achillion eignet sich der frühe Morgen, bevor die Ausflugsbusse der Kreuzfahrtschiffe kommen. Wer noch in der Gegend wandern möchte, sollte an feste Wanderschuhe und ausreichend Getränke denken.

Ausgangspunkt der Tour, die zu einer der bedeutendsten Sehenswürdigkeiten Korfus führt, ist der Badeort **Moraitika** › S. 62. Die Küstenstraße entlang, vorbei an kleinen Badebuchten, geht es Richtung Norden. Hinter Benitzes führt links eine kurvenreiche Straße in das Bergdorf **Gastouri** › S. 58. Vor dem Ortseingang liegt rechter Hand das ****Achillion** › S. 58, das weiße Schlösschen, das Kaiserin Elisabeth von Österreich alias Sisi sich einst errichten ließ. Nach der Besichtigung sollte

man in Gastouri Halt machen und von einer Tavernenterrasse das beschauliche Dorfleben betrachten.

Der Rückweg führt gemütlich durch das Hinterland. Bei **Kinopiastes** biegt man links ab, um über Bergdörfer und kleine Weiler wie **Agii Theodori** und ***Agios Matheos** › S. 63 nach Moraitika zurückzukehren.

Wer eine Tagestour aus der Fahrt machen will, kann in Agios Matheos eine drei- bis vierstündige Wanderung (hin und zurück) auf den 463 m hohen Prasoudi-Berg zum ****Kloster Pantokrator** › S. 63 unternehmen. Der Weg ist zu Beginn ausgeschildert, Infos geben aber auch die Tavernenbesitzer im Ort.

Korfus Wilder Westen

⑤ Korfu-Stadt › Gouvia › Paleokastritsa › Ermones › Pelekas › Glifada › Sinarades › Alepou › Korfu-Stadt

Dauer: Tagestour, ca. 85 km
Praktische Hinweise: Diese Tour sollte man mit dem Auto unternehmen. Das sehenswerte Kloster von Paleokastritsa ist mittags geschlossen. Wer einen Besuch bei den Mönchen plant, sollte an entsprechende Kleidung denken. Badesachen einpacken – es locken zahlreiche Badebuchten.

Bei dieser Tour lernen Sie nicht nur die traumhafte Bergwelt, sondern auch einige der schönsten Küstenabschnitte der Insel ken-

— ③ **Olivenhaine und Liebeskanal – Korfus Norden** Korfu-Stadt › Kontokali › Gouvia › Dassia › Nissaki › Kalami › Kassiopi › Acharavi › Roda › Sidari › Troumbettas › Skripero › Gouvia › Korfu-Stadt

— ④ **Zu Sisis Schloss – Korfus Süden** Moraitika › Gastouri (Achillion) › Kinopiastes › Agii Theodori › Agios Matheos › Moraitika

— ⑤ **Korfus Wilder Westen** Korfu-Stadt › Gouvia › Paleokastritsa › Ermones › Pelekas › Glifada › Sinarades › Alepou › Korfu-Stadt

— ⑥ **Von Korfu nach Paxos** Korfu-Stadt › Gaios › Longos › Lakka › Korfu-Stadt

nen. Ausgangspunkt der Tour ist ***Korfu-Stadt** › S. 50. Von hier geht es entlang der Küstenstraße Richtung Norden und weiter über Kontokali bis *Gouvia › S. 62. Hier verlässt man die Küstenstraße und biegt ins Landesinnere ab. Vor Agios Vasilios erfolgt links der Abzweig nach **Paleokastritsa › S. 65. Der Ort liegt bezaubernd schön an zwei kleinen Buchten mit Bademöglichkeit. Einen Besuch lohnt das auf dem Berg thronende Kloster von Paleokastritsa mit traumhafter Aussicht auf Klippen und Meer.

Weiter geht die Tour an der Westküste entlang Richtung Pelekas. Wer auf dieser Strecke den **Golfplatz im Ropa-Tal › S. 20** besuchen und vielleicht selbst eine Runde Golf spielen möchte, der muss Richtung **Ermones** › S. 65 zum Meer hin abbiegen. In **Pelekas › S. 64 lohnt sich die Auffahrt zu »Kaisers Thron«, dem Aussichtspunkt, auf dem Kaiser Wilhelm II. häufig den Sonnenuntergang genossen hat. Wer Lust hat, bleibt hier zum Essen, von der Terrasse der Taverne »Pink Panther« z.B. genießt man einen schönen Blick über die Küste. Der Strand von **Glifada** › S. 64 lädt anschließend zum Badestopp ein.

Von Pelekas sollte man auf jeden Fall einen Abstecher nach **Sinarades › S. 63 unternehmen und eines der schönsten Bergdörfer des Südens besuchen. Auf der Straße zurück Richtung Pelekas biegt man vor dem Ort Richtung Korfu-Stadt ab, das man über **Alepou** erreicht.

Von Korfu nach Paxos

— 6 — **Korfu-Stadt › Gaios ›**
Longos › Lakka › Korfu-Stadt

Dauer: 1–2 Tage
Praktische Hinweise: Diese Tour unternimmt man mit dem Schiff und dem Taxi. Der Inselbus auf Paxos fährt selten, ein Leihwagen lohnt sich nur, wenn man über Nacht auf Paxos bleibt. Taxis warten am Fähranleger. Wer das Ausflugsboot wählt, das im alten Hafen festmacht, kann im Reisebüro am Hauptplatz oder in jedem Café ein Taxi rufen lassen.

Von ***Korfu-Stadt › S. 50 aus verkehren Ausflugs- und Tragflügelboote nach **Gaios › S. 70, dem Haupthafen der kleinen Nachbarinsel Paxos. Gaios bezaubert insbesondere rund um die Platia durch eine Mischung aus Geschäftigkeit und beschaulicher Ruhe. Aber auch der Spaziergang zum neuen Anleger, immer mit Blick auf die vorgelagerte Insel Agios Nikolaos, ist erholsam. Bei einer Taxitour lernt man in ein bis zwei Stunden die kleine Insel kennen, Pause machen sollte man in *Lakka › S. 71 oder **Longos › S. 71. Der Taxifahrer wartet oder kommt zum vereinbarten Zeitpunkt zurück, um Sie abzuholen. Am späten Nachmittag fahren die Boote wieder zurück nach Korfu. Wer eine Nacht bleiben möchte, quartiert sich in oder bei Gaios ein. Dann ist auch ein Badeausflug nach **Antipaxos** machbar.

Unterwegs auf Korfu

***Korfu-Stadt ❶

Von der Neuen Festung zum Byzantinischen Museum

Beim Bummel durch Korfu-Stadt (Kerkira) lernt man **einen der bezauberndsten Orte Griechenlands** kennen. Eine aufregende Mischung aus italienischem Temperament, britischem Snobismus und französischer Nonchalance erfüllt die engen Gassen der Stadt, seit 2007 UNESCO-Weltkulturerbe. Ausgangspunkt des Spaziergangs ist die *Neue Festung Ⓐ am Hafen. Die Venezianer begannen 1576, nach einer Belagerung durch die Türken, den wehrhaften Bau. Über dem einstigen Haupteingang prunkt ein Relief des geflügelten Löwen, Wahrzeichen der Lagunenstadt. Wer auf die Festung steigt (im Sommer 9 bis 21 Uhr), genießt nicht über die meterdicken Mauern aus grauen Quadern hinweg einen **fantastischen Blick** über die Stadt und hinüber zur Alten Festung. Zudem erkennt in nördlicher Richtung auch den höchsten Berg der Insel, den Pantokrator (906 m), und erblickt zur Seeseite hin die vorgelagerte Insel Vidos und dahinter die Berge des griechischen Festlandes und Albaniens.

Nach dem Besuch der Neuen Festung schlendert man an der Grünanlage am alten Hafen entlang Richtung Zentrum. Neben dem Gerichtsgebäude mit den ionischen Säulen im Obergeschoss führen Stufen hinauf zur **Mitropolis** Ⓑ, der Hauptkirche der Stadt. Der Innenraum der Kathedrale (1527) ist eine Oase der Stille. Die goldglänzenden Ikonen an der Altarschranke sind es wert, betrachtet zu werden. Ein silberner Sarkophag birgt die Reliquien der heiligen Theodora.

Hier beginnt die Altstadt. Wäschestücke flattern auf den Leinen, die die Gassen überspannen. Manche der drei- bis vierstöckigen Häuser sind seit 200 Jahren bewohnt. Schmiedeeiserne Balkone, bunte Blumentöpfe und abblätternde Farbe verleihen ihnen eine reizvolle Patina.

Man wendet sich wieder dem Wasser zu und geht von der Odos Arseniou die Treppe hinauf zum **Byzantinischen Museum** Ⓒ. Gedämpftes Licht und leise byzantinische Musik zaubern in der ehemaligen Kirche der Panagia Antivouniotissa aus dem 15. Jh. eine Atmosphäre, in der die Fresken und Ikonen ihre Wirkung voll entfalten können. Kostbarkeiten aus der kretischen Schule wie der »Heilige Cyrill von Alexandria«, den Emanuel Tzanes in einem prächtigen rotgoldenen Gewand dargestellt hat, beeindrucken. (Odos Arseniou, Di–So 8.30 bis 15 Uhr.)

Echt gut!

Echt gut!

Die **Esplanade

Das Herzstück der Altstadt ist einer der größten Plätze Griechenlands. Den ehemaligen Exerzierplatz gestalteten Franzosen und Briten zu einer Parkanlage um, die im Land ihresgleichen sucht. Springbrunnen plätschern inmitten von bunten Blumenrabatten, zwischen Bäumen und Hecken. Am Musikpavillon im Stil der Belle Époque spielen die Kinder, Eisverkäufer und Luftballonhändler preisen ihre Waren an. Auf den Bänken unter den Kastanien lesen alte Männer ihre Zeitung, und sogar die Kricketspieler haben ihr Rasenfeld. Leider büßt die Esplanade, die einst Griechenlands schönster Salon unter freiem Himmel war, jedes Mal etwas von ihrem Charme ein, wenn wieder ein Stück als Parkplatz freigegeben wird.

Am Platz erinnert ein **Marmorstandbild** an den Korfioten Ioannis Kapodistrias (1776 bis 1831), den ersten Präsidenten des neuen Griechenland, der 1831 in

In den Gassen von Korfu-Stadt

Nauplia/Peloponnes ermordet wurde. Der verwitterte Rundbau der **Maitland-Rotunde** ehrt Sir Thomas Maitland, den ersten Lordhochkommissar der Ionischen Inseln, der wegen seines autoritären Stils »King Tom« genannt wurde.

Die Besatzungsmächte haben dem Platz mit repräsentativen Bauten internationales Flair verliehen. Die Franzosen (1807 bis 1814) bauten das sogenannte **Liston.** Unter den kühlen Arkaden der Häuser im Empirestil sind die Straßencafés fast rund um die Uhr besetzt. Die Briten errichteten 1816 den ***Gouverneurspalast St. George and St. Michael** im

---

So sparen Sie Geld!

Wer sich in Korfu-Stadt mehrere Museen ansehen will, kann mit einem **Kombiticket** Geld sparen. Es gilt für die Alte Festung, den Gouverneurspalast mit dem Museum Asiatischer Kunst, für das Archäologische und das Byzantinische Museum. Preis: 8 €, ermäßigt 4 € (Studenten und Senioren). Man erhält das Ticket in den entsprechenden Museen.

Blick auf die Altstadt von Korfu

neoklassizistischen Stil. Heute sind in den Räumlichkeiten das **Museum für Asiatische Kunst** sowie die **Pinakothek** untergebracht. (Beide April–Okt. tgl. 8.30 bis 19.30, sonst bis 15 Uhr.)

*Alte Festung ❺

Ein Graben, die Kontrafossa, trennt die gewaltigen Mauern an der Wasserseite der Esplanade von der Insel. Vorbei an der barocken Statue des Grafen Matthias von der Schulenburg, der die Stadt 1716 gegen die Türken verteidigte, führt eine Brücke zur Festung. Die Venezianer erweiterten die Grundmauern eines byzantinischen Kastells im 16. Jh. zu Bastionen als vorgeschobenen Verteidigungslinien gegen eventuelle Angriffe der Osmanen. Aus venezianischer Zeit ist wenig erhalten. Der Großteil der Gebäude wurden von den Briten errichtet, auch die Garnisonskirche **Saint

Beim heiligen Spiridon

Spiridon, der Schutzpatron von Korfu, lebte im 4. Jh. als Bischof auf Zypern. Jahrhunderte nach seinem Tod brachte man die Gebeine nach Konstantinopel, wo er hoch verehrt wurde. Erst nach der Eroberung Konstantinopels durch die Osmanen kam die Reliquie 1456 in den Besitz einer Adelsfamilie auf Korfu, wo der Heilige zum Schutzpatron aufstieg. Glaubt man den Einheimischen, so soll er die Stadt vor Hunger, der Pest und den Türken bewahrt haben.

Große Prozessionen erinnern an die Wundertaten Spiridons. Die nicht verwesten Überreste des Heiligen ruhen in einem Glassarg in der nach ihm benannten Kirche. An besonderen Tagen wird der äußere Deckel geöffnet, und die Gläubigen küssen den darunter befindlichen Glassarg und richten Wünsche an den Heiligen. Da er viermal im Jahr bei Prozessionen aufrecht im Glassarg durch die Stadt »wandert«, erhält er jedes Jahr neue seidene Pantoffeln.

George, die äußerlich an einen dorischen Tempel erinnert. Auf dem östlichen Gipfel des Kastells ragt ein Leuchtturm empor. Von hier bietet sich **ein herrlicher Blick über den Hafen Mandraki** mit den weißen Jachten und über die Stadt hinweg. Dahinter dehnt sich Korfu wie eine grüne Sichel aus. (Mai–Okt. tgl. 8–19.30, sonst Di–So 8.30–15 Uhr.)

Westlich der Esplanade

Von der Esplanade führt ein kurzer Weg im Altstadtviertel Cambiello zur Kirche des Inselpatrons *Agios Spiridon F. Die Mumie des Heiligen ruht in einem kostbaren Silbersarkophag rechts hinter der Ikonostase. Die Fresken in

der winzigen Kapelle sind von Kerzenruß geschwärzt. An der barocken Kirchendecke sind Szenen aus dem Leben des Schutzpatrons in farbenfrohen Bildern festgehalten. Der reiche Schmuck der Kirche unterstreicht die Verehrung, die der Heilige auf Korfu genießt. Der Campanile von Agios Spiridon überragt mit seiner glockenförmigen roten Spitze die Stadt.

Ein **besonders originelles Museum** findet man in der Hauptstelle der Ionischen Bank neben der Spiridon-Kirche, das **Papiergeldmuseum G**. Von ältesten Schuldverschreibungen bis zum Euro ist hier vieles rund um den Mammon zu finden – inklusive

KORFU-STADT (KERKIRA)

0 — 300 m

A Neue Festung
B Mitropolis
C Byzantinisches Museum
D Esplanade
E Alte Festung
F Agios Spiridon
G Papiergeldmuseum
H Rathaus
I Archäologisches Museum
J Grabmal des Menekrates

einer Fälscherwerkstatt. (Variable Öffnungszeiten, meist Mi–So 9 bis 14 Uhr, Eintritt frei.)

Das **Rathauses** 🄗 wurde 1663 als Loggia für die venezianische Stadtprominenz errichtet. Über den Fenstern des 1720 zum Theater umgebauten Gebäudes prangt das Stadtwappen Korfus mit dem stolzen Schiff, dessen Segel sich im Wind blähen. Seitlich, zur katholischen Kirche hin, sieht man die Büste des venezianischen Admirals Francesco Morosini (1619–1694).

Echt gut! Burgen mit fantastischer Aussicht

■ Gleich **zwei Festungsanlagen** hinterließ Venedig in **Korfu-Stadt**, beste Rundblicke bieten sich vom Leuchtturm der alten und von der obersten Plattform der neuen Burg. ❭ S. 52, 50

■ Spektakuläre Blicke über die Küstenlandschaft genießt man von der Wehrburg **Angelokastro** im Nordwesten **Korfus**. ❭ S. 66

■ In der gewaltigen Burganlage von **Agios Georgios** bei **Argostoli** (Kefalonia) fand die Bevölkerung Zuflucht bei Gefahr. Heute wandert man umher und hat freien Blick in jede Himmelsrichtung. ❭ S. 98

■ Nur ein schmaler Landzugang verbindet den Ort mit der Burg von **Assos** auf **Kefalonia**; der Aufstieg lohnt sich unbedingt. ❭ S. 104

■ Eine Stunde Aufstieg nach **Bochali** bei **Zakynthos-Stadt** ist die Mühe wert, der Blick auf die Hauptstadt umwerfend. Die venezianische Burg ist nur tagsüber offen. ❭ S. 131

Archäologisches Museum ❶

Prunkstück unter den Exponaten im sehenswerten Archäologischen Museum ist der archaische **Gorgogiebel.** Die Gorgo Medusa ist umgeben von ihren Kindern Pegasos und Chrysaor. Zwei Löwen ducken sich zu ihren Seiten. Medusa bleckt die Zähne, Schlangen umzüngeln das Haupt. Die alten Griechen erzählten, dass bereits ein Blick auf die Gorgo genügte, um zu Stein zu erstarren. 590 v. Chr. schufen Bildhauer den Figurenschmuck für den Artemistempel der antiken Stadt ❭ S. 57. Als Grabschmuck diente vermutlich der liegende Löwe. Die ausdrucksstarke Skulptur, 630 v. Chr. entstanden, wurde in der Nähe des Menekrates-Grabes gefunden. Auf mächtige Pranken gekauert, faucht das Tier den Betrachter an.

Heiter wirkt eine Szene mit dem Weingott Dionysos: Mit einem Trinkhorn in der Hand auf sein Lotterlager gebettet, ziert er einen Tempelgiebel. In der Ecke der gut erhaltenen Giebelhälfte ist ein großes Gefäß für Wein, ein sogenannter Krater, zu sehen. (Odos Vraila 1, tgl. außer Mo 8.30 bis 15 Uhr.)

Grabmal des Menekrates ❷

Das Grabmal des Menekrates findet man in der Odos Menekratou, die beim Obelisken für den Lordhochkommissar Henry Ward von der Uferpromenade wegführt. Der kleine, fast in der Erde verschwundene Rundbau wurde für

den Befehlshaber Menekrates um
600 v. Chr. errichtet.

Info

■ **EOT Kerkira**
Evangelistrias 4
Tel. 2 66 10/3 75 20
■ **Touristenpolizei**
Tel. 2 66 10/3 02 65

Verkehr

■ **Flugverbindungen:** Tgl. Athen
(45 Min.), mehrmals wöchentlich
Thessaloniki; Flughafen 2,5 km südlich
der Stadt, Tel. 2 66 10/3 01 80.
■ **Busverbindungen:** Ab **Platia San
Rocco** (Platia Theotoki) blaue Vorort-
busse zum Achillion, nach Perama,
Benitzes, Pelekas und Kanoni;
ab **Odos Avramiou** grüne Überlandbusse der KTEL u. a. nach Paleokastritsa, Glifada, Kassiopi, Roda, Acharavi,
Sidari, Agios Georgios, Lefkimi, Kavos,
auch Athen und Thessaloniki.
■ **Fährverbindungen:** Tgl. nach
Italien, Patras und Igoumenitsa, von
dort nach Paxos.

Hotels

■ **Corfu Palace**
Leoforos Dimokratias 2
Tel. 2 66 10/2 39 26
www.corfupalace.com
Elegantes 5-Sterne-Hotel in einer
 subtropischen Gartenanlage 400 m
vom Zentrum entfernt. 115 Zimmer mit
Balkon, einige Suiten, Terrasse und
Meerblick. ●●●
■ **Cavalieri**
Kapodistriou 4][Tel. 2 66 10/3 90 41
www.cavalieri-hotel.com
Hotelpalast im venezianischen Herren-
haus an der Esplanade, 50 geräumige,
traditionell ausgestattete Zimmer.

Schmückte dieser Löwe einst das
Kenotaph des Menekrates?

**Dachterrasse mit Traumblick zur
Alten Festung.** Die Zimmer nach vorne
sind bisweilen etwas laut. ●●●
■ **Kontokali Bay**
Kontokali][Tel. 2 66 10/9 05 00
www.kontokalibay.com
Exklusive Hotelanlage (zweistöckiges
Haupthaus und Bungalows) auf einer
Halbinsel mit zwei Stränden, 6 km
nördlich der Stadt. Pool, breites
Sportangebot, Wellness. ●●●
■ **Bella Venezia**
Zambeli 4][Tel. 2 66 10/4 65 00
www.bellaveneziahotel.com
Nähe Maitland-Rotunde, **neoklassizis-
tische Villa mit einem Hauch von
Nostalgie.** Unterschiedlich große, ge-
schmackvoll eingerichtete Zimmer,
Frühstück im Hofgarten. ●●
■ **Atlantis**
Xenofontos Stratigou 48
Tel. 2 66 10/3 55 60
www.atlantis-hotel-corfu.com
Günstig gelegenes Haus direkt am
Fährhafen, 60 Zimmer, die meisten mit
Meerblick. Viele Geschäftsreisende. ●●
■ **Dalia**
Garitsa][Tel. 2 66 10/3 23 41
www.daliahotel.com

Ein Einkaufsbummel gehört zum Urlaubsvergnügen

Einfaches 2-Sterne-Hotel nahe der Alten Festung. ●●

Camping

Dionysus Camping Village
Dassia][**Tel. 2 66 10/9 14 17**
www.dionysuscamping.gr
8 km nördlich der Stadt bei Dassia, 300 m zum Strand, schattig, mit Schwimmbad.

Restaurants

■ Rex
Kapodistriou 66
Elegantes, klimatisiertes Lokal in der Altstadt; typisch korfiotische Gerichte werden hier mit besten Zutaten und viel Liebe zubereitet. ●●●

■ The Venetian Well
Platia Kremasti][**Garitsa**
Edles Restaurant im venezianischen Stil mit einigen Außentischen auf der winzigen Platia. Man serviert Sofrito und Pastitsada, aber auch asiatisch beeinflusste Gerichte. ●●●

■ To Dimarchio
Rathausplatz/Ecke Odos Guilford
Blumenüberwucherte Terrasse mit Blick aufs Rathaus. Man wird aufmerksam bedient, serviert werden internationale Speisen sowie **sehr gute Fischgerichte.** Zudem ausgezeichneter Wein vom Fass. ●●●

Echt gut!

■ Il Giardino
Vraila Armeni 4
Gehobene italienische Küche in einem netten, kleinen Restaurant gegenüber dem Archäologischen Museum; hübscher Gastgarten. ●●

■ Liston
Im Liston an der Esplanade.
Das Café, um zu sehen und gesehen zu werden. Im Restaurant kann man zudem frischen Fisch probieren. ●●

■ Avli
Alkiviadou Dari 9

Charmante Taverne am unteren Ende der Garitsa-Bucht (Nähe Bon Repos), **besonders gute Mesedes.** ●●

Echt gut!

■ **Mouragia**
Arseniou 15
An der Straße zum Hafen.
Eine kleine Ouzerie, die gemischte Platten – *Pikilia* – mit Fisch oder Fleisch serviert. ●

Nightlife

Stablus Hall
Odós Solomou
Szenetreff unterhalb der Neuen Festung: Restaurant, Lounge Café, Bar und Garten, mit tollem Terrassenblick auf die Stadt. Zweimal die Woche Livemusik. Café und Bar 9–3 Uhr, Restaurant 12–16 und ab 20.30 Uhr.

Shopping

■ **Ex Oriente Lux**
Odos Kapodistrias 8
Silberschmuck, Teppiche, Kerzen, Glaskunst und feinste Öle.
■ **Wochenmarkt**
Im Festungsgraben zur Neustadt
Herrliches frisches Obst der Insel wird hier feilgeboten (Mo–Sa 8–13 Uhr).
■ Äußerst wertbeständig sind **Gegenstände aus Olivenholz.** Schüsseln, Salatbestecke halten »ewig«, da das Holz der Olive besonders hart ist. Viele Läden bieten Derartiges an.

Aktivitäten

Aperghi Travel (Ecke Leoforos Dimokratias/Odos Polilas 1, Tel. 2 66 10/4 87 13, www.aperghitravel. gr) ist ein Spezialist für den Fernwanderweg Corfu Trail. Dieser führt über 220 km abseits des Massentourismus vom Kap Arkoudila im Süden bis zum Kap Agia Ekaterini im Norden der Insel.

Ausflüge von Korfu-Stadt

Halbinsel Analipsis

Bei einem Besuch der Halbinsel Analipsis stößt man auf Reste des antiken Korkyra. Viele bedeutende Ausstellungsstücke des Archäologischen Museums stammen von hier. Schon Kaiser Wilhelm II. hatte an der archaischen Kunst Korfus Gefallen gefunden. Bei einem seiner Aufenthalte auf der Insel konnte er 1911 sogar miterleben, wie der Gorgogiebel entdeckt wurde. Der Kaiser beauftragte den deutschen Archäologen Wilhelm Dörpfeld mit der Leitung der Grabungen.

*Jasonos ke Sosipatros ❷

In der byzantinischen Kirche kann man Ikonen des Emanuel Tzanes bewundern. Votivtafeln künden von den Wünschen, die Gläubige an den hl. Jasonos und den hl. Sosipatros richteten. Die Kreuzkuppelkirche aus dem 11. Jh. zeichnet sich durch kunstvolles Mauerwerk aus: Ornamentbänder aus roten Ziegelsteinen durchziehen die Fassade. Die kleinen Kuppeln sind typisch für diese byzantinische Kirchenform, die auf den Ionischen Inseln, wo sonst lang gestreckte Basiliken bevorzugt werden, eher selten ist.

**Schlösschen Mon Repos ❸

In einer weitläufigen Parkanlage, die einlädt zu herrlichen Spaziergängen, liegt das Schlösschen

Mon Repos. Der britische Lordhochkommissar Frederic Adam hatte sich das Gebäude als Sommerresidenz errichten lassen. Später war es Urlaubsdomizil der griechischen Königsfamilie. Einer der beliebtesten britischen Royals wurde 1921 hier geboren, Prinz Philip, der Gatte der englischen Königin. Sein Vater war der griechische Prinz Andreas. Wegen rechtlicher Streitigkeiten nach dem Ende der Monarchie in Griechenland verfiel das Gebäude mehr und mehr.

Inzwischen ist die Rechtslage klar, der griechische Staat hat in Mon Repos ein kleines **Museum** eingerichtet, das sich mit der Geschichte des Ortes und der Insel beschäftigt. (Di–So 8.30–15 Uhr.)

Aktivitäten

Wer nach Mon Repos wandern will, läuft von der Esplanade zur Garitsa-Bucht und dann am Ende der Bucht bei der Badeanstalt, der Straße folgend, rechts hügelan zum Park von Mon Repos (ca. 2 km). Nach weiteren 2 km hat man den Aussichtspunkt Kanoni erreicht. Einfacher ist es, mit dem Stadtbus Nr. 2 bis Kanoni zu fahren (Endstation) und zurückzuwandern.

Kanoni 4

Von Kanoni im Süden der Halbinsel Analipsis hat man den berühmten Postkartenblick auf die Lagune mit der kleinen Klosterinsel der **Panagia Vlacherna** und der Mäuseinsel **Pontikonisi**. Vom Steg, der zur Klosterinsel führt, legen im Sommer Boote zur Mäuseinsel ab. Einziger Wermutstropfen: In die Lagune hinein ist die Landebahn des nahe gelegenen Flughafens gebaut worden, zum Greifen nahe donnern hier die Jets vorbei.

Echt gut!

2 Das **Achillion** 5

Kaiserin Elisabeth von Österreich, genannt Sisi, ließ 1890/91 auf ihrer Lieblingsinsel Korfu, nahe beim Dörfchen **Gastouri** 6, ein dem Halbgott Achill gewidmetes Märchenschloss mitsamt Park errichten › Special S. 59, das heute zu den bedeutendsten und meistbesuchten Sehenswürdigkeiten der Insel zählt.

Den Bewohnern des kleinen Örtchens Gastouri mit seinen schmucken, in Pastellfarben gestrichenen Häusern, die die Dorfstraße zieren, schenkte Sisi einst einen Brunnen, der noch immer voller Stolz gezeigt wird.

Idyllisch: die Klosterinsel Vlacherna

Auf den Spuren von Kaiserin Elisabeth

Kaiserin Elisabeth von Österreich, genannt Sisi, verliebte sich sofort in die Landschaft von Korfu, als sie dort im Jahre 1861 erstmals Station machte. 30 Jahre später schrieb die reisefreudige Monarchin über die Insel: »Von wo immer ich zurückkomme, schließlich sage ich: Hier ist der schönste Punkt der Welt«.

»Ihm weihte ich meinen Palast ...«

dichtete Sisi über Achill und das neoklassizistische **Achillion,** das sie auf dem Gelände einer venezianischen Villa bauen ließ. Hier wollte sie sich ihrer Liebe zur griechischen Antike widmen. Italienische Architekten schufen für die Kaiserin ein Schlösschen mit Säulen vor dem Portal, Marmorbüsten auf der Terrasse und lauschigen Plätzen im Park. 1891 war der Umbau vollendet.

Wenn man das Schloss betritt, steht man in einer prächtigen Eingangshalle. Ein kitschig-buntes Fresko der vier Jahreszeiten leuchtet von der Decke herab, eine breite Treppe führt zur unzugänglichen oberen Etage. Rechts vom Eingang liegt die Kapelle, in der die Kaiserin betete. Im den übrigen Räumen sind Erinnerungsstücke ausgestellt: Man kann Sisis handgeschriebene Papiere lesen, ihr Geschirr, Möbel und weitere Privatgegenstände der Monarchin betrachten. Andere Exponate erinnern an den Nachbesitzer, Kaiser Wilhelm II.

Eine besondere Vorliebe hatte Kaiserin Elisabeth für den homerischen Ilias-Helden Achill. Wie sie ihrer Schwärmerei nachging,

Gegensätze im Park

Kaiserin Elisabeth saß oft auf der Aussichtsplattform im Park. Hier hatte sie eine Statue ihres Lieblingshelden aufstellen lassen. Der Berliner Bildhauer Ernst Herter hat den »Sterbenden Achill« 1884 aus hellem Marmor geschaffen: Mit einer Hand zieht Achill den tödlichen Pfeil aus der Ferse, Schmerzen verzerren das Gesicht. Der deutsche Kaiser Wilhelm II., der das Achillion nach Elisabeths Ermordung erwarb, fand keinen Gefallen an dieser Darstellung. Er ließ einen »Sieghaften Achill« errichten, einen Bronzekrieger mit Schild und Speer, gegossen von Johannes Götz, mit Sockel 11 m hoch. Sisis Achill wurde umgesetzt und kann noch immer im Park bewundert werden.

Der Säulengang neben der Terrasse ist mit Frauenfiguren geschmückt. Hinter ihnen stehen Büsten der bedeutendsten Schriftsteller der Antike. Auf diese Terrasse ließ Kaiser Wilhelm, der gern im April nach Korfu kam, seinen Schreibtisch stellen. Während im fernen Berlin noch Schmuddelwetter herrschte, regierte er bei Frühlingssonne von hier aus das Deutsche Reich.

erfahren Sie bei einer Besichtigung des Achillion.

■ **Öffnungszeiten:** tgl. 8–19 Uhr (im Sommer), Eintritt 7 €.

■ **Anfahrt:** Mit dem Bus Nr. 10 vom San Rocco-Platz in Korfu-Stadt (Rückfahrtticket am Kiosk gleich mitkaufen) gelangt man zum Achillion. Der Bus ist allerdings oft überfüllt, alternativ kann man für die 10 km ein Taxi nehmen. Das Schloss ist Ziel lokaler Reiseagenturen und von Kreuzfahrtpassagieren. Denn das Achillion ist *die* Attraktion auf Korfu. Deshalb bilden sich im Sommer bisweilen Fahrzeugschlangen. Wenn Sie mit dem Auto unterwegs sind, fahren Sie am besten schon morgens früh hinauf oder machen Sie einen kleinen Umweg über Benitzes und folgen von dort der Ausschilderung Richtung »Gastouri/ Achillion«.

Wenn Sie nach so viel Kultur Lust auf andere geistige Genüsse haben: Wie wär's mit einem Besuch im Spirituosenhandel **Vassilakis,** gleich gegenüber vom Achillion? Hier werden Schnäpse und Liköre von der Insel angeboten, z. B. der orangefarbene Kumquat-Likör, eine korfiotische Spezialität.

Ein hüscher Strand lockt in der Bucht von Kalami

Die Ostküste

Pirgi 7, Ipsos 8, Dassia 9

Wie Perlen reihen sich die v.a. bei jungen Urlaubern sehr beliebten Badeorte nördlich von Korfu-Stadt mit ihren oft recht schmalen Stränden aneinander. Orte wie Pirgi und Ipsos sind zusammengewachsen, Dassia mit einem Strand von fast 1 km Länge weist ein großes Sportangebot auf. Urlauber schätzen neben dem touristischen Angebot v.a. die Nähe zur Inselhauptstadt, die leicht mit dem lokalen Bus zu erreichen ist.

Agios Markos 10

Bei Pirgi zweigt eine Straße ins Dorf ab. Im oberen Teil des Weilers versteckt sich die kleine Pantokrator-Kirche. Das Tonnengewölbe wurde 1577 ausgemalt, Heiligenbilder und Blütenmedaillons schmücken die Wände.

Nissaki 11

Türkis schimmerndes, glasklares Wasser und ein kleiner Kiesstrand: Wieder ist ein Fischerort vom Tourismus entdeckt worden. Zunehmend werden in Nissaki Apartments und Zimmer vermietet. Von den Tavernen am Wasser schweift der Blick hinüber zum Pantokrator › S. 69 oder zur albanischen Küste.

Kouloura 12 und Kalami 13

Der kleine Fischerhafen **Kouloura** bietet eine fantastische Aussicht auf die Küste Albaniens. Der Weg hinunter ist ausgeschildert. Hier locken ein paar nette Tavernen. Literaturfreaks werden vielleicht bis **Kalami** weiterfahren und dort im »White House« einkehren. Die Taverne (●●) befindet sich im ehemaligen Quartier des berühmten Schriftstellers Lawrence Durrell.

*Gouvia 🄴

Für Segler wurde in Gouvia ein moderner Jachthafen zur Versorgung von mehr als 500 Booten angelegt. Als Hafen hat der Ort eine lange Tradition. Die Venezianer bauten ihn im 17./18. Jh. zum Handelshafen aus. Von der dreischiffigen Halle, in der ihre Schiffe überholt und im Winter verstaut wurden, blieb nur eine Ruine.

Benitzes 🄵

In Benitzes fällt das Missverhältnis zwischen großem Hotelangebot und dem schmalen Strand auf. Hinweisschilder führen vom Hauptplatz an der Durchgangsstraße zu Resten einer römischen Villa mit Badethermen (»Roman Baths« oder »Roman Villa«) aus dem 2. Jh. n. Chr. Wer sich für

Die richtige Hotelwahl

Wer nicht pauschal unterwegs ist, sondern individuell reist, sollte sich zumindest in den Sommermonaten unbedingt vorab um Unterkünfte kümmern. Unter www.gtp.gr findet man zahlreiche Angebote. Zu beachten ist: Die Ostküste zwischen Korfu-Stadt und Messongi ist extrem überlaufen. Hier besondere Hotel- und Restauranttipps zu geben, ist schwierig. Wer auf Rummel und Diskotheken verzichten kann, der ist an der Westküste besser aufgehoben. Die Nordküste mit ihren schönen Stränden hat in puncto Hotelangebot und touristischer Infrastruktur mächtig aufgeholt.

Meeresgetier interessiert, mag dem Muschelmuseum (Shell Museum, tgl. 10–19 Uhr) einen Besuch abstatten.

Moraitika/Messongi 🄶

Der Doppelort ist nur durch den Messongi-Bach getrennt. In beiden Ortsteilen lebten früher ausschließlich Fischer und Bauern. Heute verdienen fast alle Bewohner ihr Brot im Tourismusgeschäft, wobei es in Moraitika noch etwas geschäftiger zugeht als im benachbarten Messongi. Die Orte sind aufgrund des schönen Strandes vor allem bei griechischen, britischen und deutschen Familien beliebt. Die alten Ortskerne liegen einige hundert Meter im Hinterland.

Hotel

Delfinia
Tel. 2 66 10/7 63 20-3
www.delfiniahotels.gr
Im Olivenhain direkt am Meer gelegene, aus drei Komplexen bestehende Hotelanlage mit Swimmingpool. Geeignet für Familien mit Kindern. ●●●

*Lefkimi 🄷

Der Ort besteht aus fünf Dörfern, die im Laufe der Zeit zusammengewachsen sind. Als es noch keine durchgehenden Straßen gab, wurden die landwirtschaftlichen Produkte über den kleinen Hafen am Kanal in Lefkimi ausgeführt. Touristen trifft man selten, dafür ursprüngliches Leben, das man von den Kafenia und Tavernen zu beiden Seiten des Kanals beobachten kann.

Von Lefkimi aus wird im Sommer täglich eine Bootstour nach Paxos und Antipaxos angeboten, Abfahrt im kleinen Hafen ist um 9.30 Uhr, die Rückkehr gegen etwa 17 Uhr.

Kavos 18

Der südlichste Urlaubsort ist fest in der Hand junger Briten. Schon am frühen Nachmittag fließt das Bier in Strömen. Spät am Abend trifft man zahlreiche Betrunkene. Noch am Vormittag begegnen dem Gast, der vielleicht zur Südspitze der Insel mit der Klosterruine der Panagia Arkoudila unterwegs ist, schwankende Gestalten. Bevor die Reinigungskolonne der Gemeinde ihre Arbeit verrichtet hat, stolpert man über zerbrochene Flaschen. Ob man hier Urlaub machen möchte, muss jeder selbst entscheiden.

Die Westküste

*Agios Matheos 19

Rund um Agios Matheos fallen Steinmäuerchen auf, die manchmal die Erde eines einzigen Baumes davor bewahren, vom Regen weggespült zu werden. Das Dorf staffelt sich den Hang hinauf. Von der Dorfkirche fällt der Blick auf die grünen Hügel Südkorfus. Wenn einem der würzige Rauch verbrennenden Holzes in die Nase steigt, ist Mittagszeit. Wie in alten Zeiten tragen die Frauen das Brennholz in Bündeln auf dem Kopf nach Hause.

Wer die Landschaft um Agios Matheos intensiv erleben möchte,

sollte zum ****Kloster des Pantokrator** › S. 69 hinaufwandern, das mit wunderschönen, jüngst restaurierten Fresken lockt.

Die Lagune Korission 20

Das rund 11 km² große Feuchtgebiet ist eine der ungewöhnlichsten Landschaftsformen. Es ist Lebensraum zahlreicher Wasservögel. Zwar sind die Sonnenschirme der Badeurlauber inzwischen bis an die Dünen vorgerückt. Trotzdem kann man zwischen Meer und Binnensee noch herrlich wandern. Parkplätze gibt es in **Gardiki 21**. Wer mag, läuft bis **Agios Georgios 22**. Da der Weg keinen Schatten bietet, eignen sich die Abendstunden am besten für einen Spaziergang mit Blick auf die im Meer versinkende Sonne.

Agios Gordis 23

Die Bucht an der Westküste hat sich in den letzten Jahren zum Besuchermagneten entwickelt. Man badet vor der Kulisse beeindruckender Felsen an Kies- und Sandstränden. Das Besondere der Bucht sind die **Ortholithi, vorgelagerte Felsspitzen, die die Romantik der Sonnenuntergänge erhöhen.**

**Sinarades 24

Im malerischen Bergdorf Sinarades begegnet man dem ländlichen Korfu. Die Dorfstraße wird von traditionellen Häusern gesäumt. Neben der Kirche aus venezianischer Zeit steht der Campanile. Blumen schmücken die schmiedeeisernen Balkone oder Haus-

Im Sommer zieht es zahlreiche Badegäste in die berühmte Strandbuchten

aufgänge. Stolz weisen die Bewohner auf ihr **Volkskundemuseum** hin, das das Leben vor 100 bis 150 Jahren verdeutlicht. Nicht nur Gegenstände, sondern drei vollständig eingerichtete Räume sind zu besichtigen: die Küche mit offener Feuerstelle, das Wohnzimmer und die enge Schlafkammer für die ganze Familie. (Mo–Sa 9.30–14 Uhr.)

Pelekas 25

Der Sonnenuntergang machte den Ort berühmt. Der deutsche Kaiser Wilhelm II. ließ sich mit dem ersten Auto auf Korfu zu einem Aussichtspunkt oberhalb des Dorfes kutschieren, der bis heute »Kaisers Thron« genannt wird. Hier genoss er die atemberauben-

de Aussicht über das Meer und die Insel. Heute würde Kaiser Wilhelm toben: Das Hotel Levant versperrt mittlerweile den Blick aufs Wasser. Natürlich vermarktet das Hotel nicht nur Zimmer, sondern auch die Sonnenuntergangsterrasse mit Blick über die Bucht von **Glifada** 26, wo zwischen Felsen hübsche Badeplätze locken.

Hotels

■ **Levant**
Tel. 2 66 10/9 42 30
www.levantcorfu.com
Neoklassizistisches Haus mit 25 geschmackvoll eingerichteten Zimmern und Restaurant Sunset. Von der Terrasse herrlicher Meeresblick. Frühstück ist hier ein Genuss, ebenso der Sonnenuntergang. ●●

von Mirtiotissa

■ **Bella Vista**
Tel./Fax 2 66 10/9 49 27
www.bellavista.gr
Apartments mit zwei Schlafräumen
und Kochgelegenheit; vom Restaurant
schöner Blick auf die Küste. ●●

**Mirtiotissa-Bucht 27

Echt gut! Manchen gilt die Bucht als **der
Traumstrand Korfus:** abgelegen,
zu Füßen bewaldeter Berge, von
Felsen seitlich geschützt. Oberhalb des Strandes leuchten die
weißen Mauern des Klosters Mirtiotissa. Hinter einem geschwun-
genen Portal gruppieren sich die
verschiedenen   Klostergebäude
aus dem 17./18. Jh. um einen idyllischen Innenhof. Das Kloster
wird seit Kurzem wieder von einem Mönch bewohnt.

Verkehr

Die Bucht ist mit dem Auto, besser mit
Moped oder Motorrad, über Pelekas
und Vatos erreichbar. Auf steilem
Schotterweg geht es das letzte Stück
hinunter. Am besten ist es, das Fahrzeug in Vatos zu lassen oder bei der
Taverne Elias oberhalb der Bucht zu
parken, was gegen Gebühr (falls Platz
vorhanden) möglich ist. Eine andere
Möglichkeit ist die Anfahrt per Boot
von Paleokastritsa aus.

Ermones 28

Die schöne Bucht vor bewaldeten
Hängen ist vom Tourismus erobert worden. Da der Strand nicht
groß ist, kommt man sich im
Hochsommer recht nahe. Das
touristische Angebot ist umfas-
send. In der Nähe befindet sich
der einzige 18-Loch-Golfplatz auf
den Ionischen Inseln, der **Corfu
Golf & Country Club ›** S. 20.

**Paleokastritsa 29
3 Zwischen hohen Bergen im
Talkessel gelegen, hat das schmucke Paleokastritsa sogar zwei
Strände. Vielen Griechen gilt er
als der schönste Ort der Insel,
weshalb es im Sommer voll wird.
Eine Alternative sind **Bootsausflüge zu den Stränden der Umgebung,** die nur vom Wasser aus
zu erreichen sind.

Ausflugsbusse bringen zahlreiche Gäste, die das von Mönchen
bewohnte **Kloster der *Panagia
Theotokou** besuchen wollen, **das
zu den schönsten der Insel zählt.**
Das Kloster wurde bereits 1225
gegründet. Die heutigen Gebäude
stammen jedoch allesamt aus dem

Prächtig ist der Rundblick von den Ruinen von Angelokastro

18./19. Jh. Ein kleines Museum informiert über die Geschichte des Klosters. Viele Besucher aber genießen einfach die Ruhe in den gepflegten, von Katzen bevölkerten Gärten und den unvergleichlichen Blick auf die Klippen und das Meer. Außer in den Mittagsstunden (13–15 Uhr) ist das Kloster offen. (Eintritt frei, Spende erwünscht.)

Hotels

■ **Fundana Villas**
5 km östlich von Paleokastritsa
Tel. 2 66 30/2 25 32
www.fundanavillas.com
Bungalows im traditionellen Stil, mit kleinem Volkskundemuseum. ●●●

■ **Pension Anna**
Paleokastritsa-Lipades
Tel. 2 66 30/4 10 61
www.annapension.com

Pension in ruhiger Lage, zwei Wohnungen mit je zwei Schlafzimmern, eigene Taverne. ●●

Lakones 30

Lakones wird der Balkon Korfus genannt. Von dem Bergdorf aus hat man stellenweise einen groß- artigen Blick über die Bucht von Paleokastritsa und sein Kloster. Der Genuss auf einer der Café-Terrassen wird nur dadurch getrübt, dass es in der engen Dorfstraße kaum Möglichkeiten gibt, das Auto abzustellen.

Angelokastro 31

Vom Nachbarort **Krini** aus kann man zu Fuß die Engelsburg besteigen. Die Ruine liegt auf einem Felskegel. Es handelt sich um die Reste einer Wehrburg, die der Despot Michael Angelos Komnenos im 13. Jh. errichten ließ. In venezianischen Zeiten diente sie noch als Fluchtburg. 1537 suchten hier 3000 Insulaner Schutz vor den Türken, die das Kastell nicht einnehmen konnten. Der Aufstieg ist schweißtreibend, wird aber durch **herrliche Ausblicke** belohnt. Das schwere Eisentor steht (außer Mo) von 8.30 bis 15 Uhr offen.

Die Nordküste

4 Sidari 32

Im Norden Korfus, zwischen Sidari und Kassiopi, liegen die schönsten Strände und Badebuchten der Insel. Die kilometerlangen, familienfreundlichen Strände bei Sidari zählen zu den meistbesuchten des Nordens – was die Ansiedlung von Läden und Imbissbuden nach sich gezogen hat. Zum Glück aber gibt es bei Sidari keine Bettenburgen, sondern lediglich kleine Hotels und Pensionen. Westlich des Ortes, in **Peroulades,** wartet eine Attraktion. Hier befinden sich die berühmten gelben Sand- und Lehmklippen. Wellen und Wind haben schmale Fjorde in die gelben Lehmklippen genagt, die ihr Aussehen durch Abbrüche immer wieder verändern. Der berühmteste ist der *****Canal d'Amour,** der morgens noch im Schatten der hohen Steilwände liegt. Mädchen, die ihn zu früher Morgenstunde durchschwimmen, so der Aberglaube, bekommen den Liebsten ihres Herzens. Der Haken: Niemand weiß mit Sicherheit, welcher Durchgang der wahre Liebeskanal ist.

Die Diapontischen Inseln

Nordwestlich von Korfu liegen drei Mini-Inseln, die unter dem Namen Diapontische Inseln zusammengefasst sind: **Erikoussa, Mathraki** und **Othoni.** Sie sind zusammen gut 17 km² groß. Hier leben in den Sommermonaten etwa 1500 Menschen. Im Winter sind die dann fast völlig von der Außenwelt abgeschnittenen Winzlinge so gut wie menschenleer. Touristen kommen überwiegend als Tagesausflügler, entweder von den Häfen der Nordküste oder aber mit der kleinen Autofähre »Alexandros« aus Korfu-Stadt. Zudem machen viele Segeljachten in den kleinen Häfen fest. Wer einige Tage bleiben möchte, findet auf Erikoussa das einzige Hotel der Inseln, das ebenfalls »Erikoussa« heißt (Tel./Fax 2 66 30/7 15 55, www.hotelerikousa.gr, 19 einfache, Zimmer, Restaurant, ●). Auf den übrigen Inseln werden zwischen Mitte Mai und Mitte Sept. Privatzimmer vermietet. Infos dazu geben die Tavernenwirte an den Häfen. Wer die große Ruhe und die Stille der Natur, fast menschenleere Strände sowie gute Tauchreviere sucht, wird von den Inseln begeistert sein. Doch aufgepasst! Die kleinen Fähren und Ausflugsboote sind vom Wetter abhängig. Wird es stürmisch, können sie nicht auslaufen; der Gast sitzt womöglich Tage fest. Man muss also unbedingt Zeit einplanen, um keine böse Überraschung zu erleben.

Von Sidari legen im Sommer Fähren zu den vorgelagerten Inselchen **Othoni, Erikoussa** und **Mithraki** › S. 67 ab. Zumindest einen Tagesausflug sind die ruhigen Eilande mit reizvoller Landschaft und herrlich leeren Stränden wert.

Mimosa
Sidari][Tel. 2 66 30/9 53 63
www.hotelmimosacorfu.com
Einfaches Haus, am Weg zum Strand gelegen. Das Haus steht unter englischer Leitung, deshalb von Briten bevorzugt. Nur wenige Gehminuten zum Badestrand. ●●

*Kap Drastis 33

Die bizarre Küstenlandschaft im Norden Korfus kann man auf einem Spaziergang zum Kap Drastis näher erkunden. Vom Dorf Peroulades weisen Schilder den Weg zum »Akrotirio Drastis«, wie das Kap griechisch heißt. Zunächst durchqueren Sie einen uralten Olivenhain. Der Weg führt weiter durch die nach Kräutern

Die Kalkfelsen von Kap Drastis

duftende Macchia. Unvermittelt taucht tief unten das Kap auf: Weiße Kalkfelsen schichten sich zu einer malerischen Bucht.

Roda 34

Dank weiter Strände hat Roda sich zum beliebten Touristenort entwickelt. Da hier fast immer Wind weht, kommen v.a. Surfer auf ihre Kosten. Ansonsten tobt an den Stichstraßen, die zum Wasser führen, das touristische Leben, dem man bei Spaziergängen entlang der langen Strände entkommen kann. Schön ist eine Wanderung ins Binnendorf **Nimfes 35,** wo Kumquatbäumchen gezüchtet werden.

Roda Beach International
Tel. 2 66 30/6 31 20
www.rodacamping.gr
Gepflegter Wiesenplatz mit Pool und Wassersportangebot.

Drosia
Tel. 2 66 30/6 43 30
Das Restaurant am Ortseingang ist bekannt für seine leckeren Spezialitäten vom Holzkohlengrill. ●●

Acharavi 36

Der einst beschauliche Badeort ist ein wichtiges Touristenzentrum geworden, mit vielen Pensionen und Apartmenthäusern. Die meisten Häuser stehen inmitten grüner Gärten, was die Landschaft zwar zersiedelt hat, aber den Eindruck von Massentourismus mildert. Am Strand, bei dem sich Sand- mit Kiesabschnitten abwechseln, gibt es viele Sportmöglichkeiten. Neu ist der **Aquapark Hydropolis** › S. 18.

Hotels

■ **Gelina Village**
Acharavi][**Tel. 2 66 30/6 40 00**
www.hotel-gelina-village.com
Schöne Apartmentanlage im ionischen Stil mit Pool und Spa; geräumige Studios inkl. Kochgelegenheit und Balkon/Veranda. Segeln, Surfen und Bootsverleih am nahen Strand. ●●●

■ **Century Resort**
Tel. 2 66 30/6 34 01
www.century-resort.com
In einem weitläufigen Garten gelegene ruhige Anlage mit 82 Zimmern und Apartments. Pool, 500 m bis zum Strand. ●●●

Ausflug zum **Pantokrator 37

Um den höchsten Berg der Insel, den 906 m hohen Pantokrator, zu erreichen, verlässt man bei Acharavi die Küstenstraße, biegt ab ins Binnenland nach **Agios Martinos.** Die Fahrt geht durch verlassen wirkende Dörfer, über **Lafki,** wo man rechts abbiegt, um über **Eriva** nach **Petalia** zu kommen. Von hier führt eine ausgebaute Straße in die Bergregion, in der man am besten mit Vierradantrieb vorwärts kommt. Unterhalb des Gipfels kann man das Auto abstellen und die letzte Strecke zu Fuß gehen.

Die üppig grüne Landschaft weicht hier einer kahlen Gebirgsregion mit Steinen und Mulden. Der Gipfel besteht aus zwei Teilen. Der eine trägt die großen Funk- und Fernsehantennen, die man selbst aus der Hauptstadt sehen kann, der andere ein bereits im 14. Jh. gegründetes Kloster, das dem Berg den Namen (Allherrscher) gab. Das Kloster ist nicht bewohnt, trotzdem hält ein Mönch tagsüber die Kirche offen. Daneben lädt der Wirt der Cafeteria ein. **Die Aussicht auf die Insel und hinüber nach Albanien und dem Epirus** ist fantastisch.

*Kassiopi 38

Im Jahre 67 n. Chr. besuchte Kaiser Nero auf dem Wege nach Olympia den Ort und tanzte, wie überliefert ist, vor einem Jupitertempel. In der Römerzeit besaß Kassiopi zwei Häfen, einer rechts und einer links eines Hügels. Im 13. Jh. ließ die einflussreiche Adelsfamilie Anjou von Neapel auf diesem Hügel ein Kastell erbauen, das heute noch imponiert. Auch wenn Kassiopi mittlerweile ein gern besuchter Ort und entsprechend touristisch ist, hat die Gegend um den kleinen Hafen ihren Charme bewahrt. Baden kann man in kleinen Buchten, wobei die Liegen im bergigen Hinterland auf Terrassen platziert sind.

Restaurant

The Three Brothers
Unter einer großen Platane am Hafen werden exzellenter Fisch und Meeresfrüchte serviert. ●●

Unterwegs auf *Paxos

Längst ist die kleine, von Olivenhainen überzogene Insel Paxos (19 km²) aus ihrem touristischen Dornröschenschlaf erwacht. Im Sommer bringen die Ausflugsboote von Korfu zahlreiche Gäste auf das ansonsten stille Eiland (3000 Einw.). Trotzdem findet der Gast in den drei Küstenorten Gaios, Lakka und Longos noch Ruhe und Beschaulichkeit.

Wer mag, kann mit dem Fischerboot zu der nur von einigen Familien bewohnten Insel **Antipaxos** (6 km²) übersetzen, um dort am Kieselstrand zu baden.

Gaios [39]

Romantisch liegt der Hafen von Gaios wie an einem Fluss. Zwischen dem Ort und dem gegenüberliegenden **Inselchen Agios Nikolaos,** auf dem die Venezianer im 15. Jh. eine Festung errichteten, bleibt nämlich nur ein sehr schmaler Wasserweg. Das weiter draußen im Meer gelegene unbewohnte **Inselchen Panagia** besitzt ganze zwei Gebäude: das Kloster der Gottesmutter und den Leuchtturm. Leben herrscht auf dieser Insel nur am 15. August. Zum Fest Mariä Entschlafung kommen die Boote mit Gläubigen.

Wer in Gaios am Hafen entlangbummelt, kommt am **Volkskundemuseum** vorbei und sieht gegenüber am Wasser die Statue eines jungen Freiheitskämpfers.

Jorgos Anemojannis starb 1821 im Alter von 23 Jahren, wie die Inschrift am Sockel verrät. Nach Gaios kommen Stammgäste, vor allem aus Italien und England. Aber weder sie noch der Fischfang bilden den Haupterwerb der Insel. Paxos ist ein einziger Olivenhain: Bis zu 250 000 Ölbäume sollen hier auf den Hügeln wachsen. Das Öl wird als eines der besten Griechenlands gerühmt; es ist der Exportschlager des Eilandes und ein ideales Mitbringsel.

Verkehr

■ **Fährverbindungen:** Nach Igoumenitsa, Flying Dolphins und Ausflugsboote nach Korfu.

■ **Seetaxis nach Antipaxos:** Kleine Kaiki tuckern ab Gaios zu den weißen Stränden von Antipaxos.

Hotels

■ **Paxos Beach**
Gaios][Tel. 2 66 20/3 22 11
www.paxosbeachhotel.gr
Weitläufige Bungalow-Anlage, terrassenförmig am Meer inmitten von Oliven und Zypressen gelegen, 1,5 km südlich der Stadt. Mit eigenem Strand, Pool und Kinderbecken, 42 einfache Zimmer, Taverne, Mai–Okt. ●●

■ **Theklis – Clara Studios**
Gaios][Tel. 2 66 20/3 23 13
www.theklis-studios.com
Fünf kleine Studios mit Küche und Balkon am Hang oberhalb des Hafens gelegen, traumhaft schöner Blick über die Bucht. ●●

Ruhe und Ursprünglichkeit bietet der Hafen von Lakka

*Lakka ④⓪

Der Hafenort Lakka lockt mit
Wind und Wellen die Wassersportler an: Denn hier gibt es ausgesprochen gute Möglichkeiten
zum Surfen, Segeln und Tauchen.
Abends erzählt man sich in den
Tavernen, welche Fische am Riff
zu sehen waren.

**Longos ④①

Zu dem kleinen Hafenort Longos
gehören knapp 50 Häuser. Hier ist
der Fremde tatsächlich abends
Gast unter den Einheimischen.
Im Ort gibt es einen winzigen
Kieselstrand. Schön aber sind die
Buchten der Umgebung, z.B. die
Bucht von **Glifada,** wo sich herr-

liche Strandwanderungen unternehmen lassen.

Ipapanti-Höhle ④②

Schon bei Homer ist die **Ipapanti-
Höhle** erwähnt. Im Zweiten Weltkrieg wurden griechische U-Boote
darin vor den Deutschen versteckt, und heute fahren Ausflugsboote bei Touren um die Insel in
die Höhle hinein. Der Ipapanti-
Höhle folgen nach Süden die
Höhlen Kastanida und Petriti,
die blaue Grotte von Paxos.

Auch einige imposante Felsfor-
mationen haben hier Eigennamen:
Ortholithos wird ein aufrecht im
Meer stehender Monolith genannt, **Tripodos** ist der Name für
ein Felsentor am Steilufer.

Lefkada

Nicht verpassen!

- Bummel durch die authentische Inselhauptstadt Lefkada
- Shoppen im traditionellen Bergdorf Karia, wo feinste Handarbeiten angeboten werden
- Den atemberaubenden Blick in die Tiefe am weißen Kap Doukato
- Wanderung zur stillen Bucht von Egremni
- Baden am Traumstrand von Porto Katsiki

Zur Orientierung

Arm an kulturellen Schätzen, aber reich an fantastischen Stränden, dazu authentisches griechisches Leben und urige Dörfer: Lefkada (302 km², 22 500 Einw.) ist eine Insel für Individualisten.

Ursprünglich war Lefkada (Lefkas), die Weiße, eine lang gestreckte Halbinsel, deren Nordspitze ans Festland stieß. Die Korinther, die hier im 7. Jh. v. Chr. erste Siedlungen gründeten, trennten die Landenge durch. So blieb ihren kleinen Schiffen der Weg um die gefährlichen Steilklippen im Süden erspart. Bis heute wird die schmale Fahrrinne offengehalten, eine Schwenkbrücke sichert den Verkehr.

Am Fuß der Brücke liegt **Lefkada-Stadt.** Hier bestimmen trotz einiger guter Hotels und Pensionen die Einheimischen das Bild. In der ausgedehnten Fußgängerzone sitzt der Urlauber neben dem Notar, der mit einem Klienten bei einem Kafedaki, dem kleinen griechischen Kaffee, einen Grundstückskauf bespricht. Zum Kaffee bringt der Wirt ganz selbstverständlich das Glas Wasser, zum Ouzo unaufgefordert ein paar Happen aus der Küche, wie es eben griechischer Brauch ist.

Während an der Westküste, bei Kathisma, Egrimni und Porto Katsiki, fantastische Strände vor

Von paradiesischer Schönheit ist die Küstenlandschaft bei Nidri

zum Teil eindrucksvoller Kulisse locken, bleiben die meisten Urlauber in den Badeorten an der Ostküste. **Nidri** ist das unbestrittene Touristenzentrum, obwohl auf dem Wege dorthin Ligia oder Nikiana größere Ruhe bieten. Doch die Bucht von Nidri hatte schon immer viele Liebhaber. Dazu zählte der deutsche Archäologe Wilhelm Dörpfeld, der sich auf der Halbinsel Geni niederließ. Bekanntester Fan aber war der Reeder und Multimillionär Aristoteles Onassis, der das blaugrüne Paradies im Inselmeer für sich haben wollte und mit Skorpios gleich eine ganze Insel kaufte.

Wassersportfreunde werden von der Region um **Poros Beach, Vasiliki** und **Ponti** begeistert sein: schöne Strände, Tavernentische unter Schatten spendenden Bäumen, frischer Fisch auf dem Teller, das bunte Bild der Surfer vor Augen – Urlaubsfreuden pur.

In der bis auf gut 1000 m ü. NN ansteigenden Bergwelt im Inselinneren entdeckt man in den Dörfern das ursprüngliche Leben: in den Sfakiotes-Orten, in Karia und in Englouvi.

Aufregend ist der Weg zu den südlichsten Klippen, dem **Kap Doukato.** Hier wurden früher Menschen in die Tiefe gestürzt. Der Name Sappho-Klippen erinnert an das tragische Ende der ersten Lyrikerin des Abendlandes, die hier den Tod suchte.

Touren in der Region

Strände unter weißen Klippen

Dauer: mit Badeaufenthalt Tagestour, 110 km

Praktische Hinweise: Wer das Kap Doukato und die Strände im Südwesten besuchen möchte, braucht einen Wagen. Achtung: Die letzten Kilometer bis zum Kap Doukato sind holprige Schotterpiste. Parken Sie den Wagen und laufen Sie das letzte Stück zu Fuß! Der anschließende Badestopp an der Westküste entschädigt allemal für die Mühen der Kapwanderung.

Badebucht von Porto Katsiki

Die Tour zu den Traumstränden der Insel beginnt in ***Lefkada-Stadt** › S. 78. An der viel befahrenen Ostküste geht es Richtung Süden. Zwischen üppiger Vegetation und schmalen Stränden reihen sich die Urlaubsorte aneinander: **Kariotes, Ligia, Nikiana, Perigiali,** Nidri. **Nidri** › S. 81 ist ein seit Jahren international besuchter Urlaubsort mit vielen kleinen Hotels und Restaurants für jeden Geschmack. Wer sich für den deutschen Archäologen Wilhelm Dörpfeld interessiert, kann am Südende der Bucht auf die kleine **Halbinsel Geni** abbiegen. An der Nordspitze bei Agia Kiriaki hat Dörpfeld gelebt, hier ist er auch begraben › S. 82. Die Tour geht weiter Richtung Süden, passiert die Ortschaften **Katochori, Marantochori** und führt zu dem hübschen Hafen von ***Vasiliki** › S. 83, wo man in einer der Tavernen eine Mittagspause einlegen sollte. In der **Bucht von Ponti** haben die Surfer ihr Lieblingsrevier. Um an die Südspitze der Insel zu gelangen, muss man bis Komilio nach Norden fahren. Dort biegt die einzige Straße wieder nach Süden ab, vorbei an den Stränden von ****Egremni** › S. 84 und ****Porto Katsiki** › S. 85. Planen Sie hier unbedingt einen Badestopp ein, nachdem Sie das atemberaubende und sagenumwobene ****Kap Doukato** › S. 85. besichtigt haben. Die Tour zurück führt an der Westküste entlang. Hinter Komilio liegen weitere schöne Strände, und zwar bei **Kalamitsi** und **Kathisma** › S. 85.

Um die Bucht von ***Agios Nikitas** › S. 85 herum ist ein schöner Ferienort entstanden. Auf direktem Wege erreicht man von hier Lefkada-Stadt.

Ouzo unter Dorfplatanen

—⑧— **Lefkada-Stadt** › **Sfakiotes-Tal** › **Karia** › **Englouvi** › **Vafkeri** › **Nidri** › **Lefkada-Stadt**

Dauer: halber Tag, ca. 45 km
Praktische Hinweise: Diese Tour sollte man mit dem Auto unternehmen. Vorsicht: Die Straße zwischen Karia und der Küste ist nicht durchgehend asphaltiert. Dafür entschädigt ein Besuch der kleinen Bergdörfer. Zwischen Nidri und der Hauptstadt gibt es viele Bademöglichkeiten.

Man verlässt ***Lefkada-Stadt** › S. 78 Richtung Süden, hält sich bei der Straßenteilung kurz hinter dem Ortsausgang rechts Richtung Bergwelt und kommt zu den **Sfakiotes,** den urtümlichsten kleinen Dörfern der Insel. Der Name Sfakiotes erinnert daran, dass die Gründer der Orte im 16./17. Jh. aus Kreta kamen, aus der Gegend von Sfakion an der Südküste. **Lazarata, Spanochori** und **Pinakochori** gehören zu den schönsten Dörfern des Tales. In ****Karia** › S. 86, dem größten Bergdorf, blüht im Schatten riesiger Platanen auf der Platia zwischen Kafenia und Kaufläden das Dorfleben. Hier sollte man eine Pause einlegen. An zerfurchten Schluchten entlang windet sich später die Straße bis **Englouvi,** dem höchstgelegenen Dorf (730 m) der Insel, dessen alte Häuser, die über mehrere Hügel verstreut liegen, wegen des strengen Winters dicke Steinmauern besitzen. Bis **Vafkeri,** einem halb verfallenen Bergdorf, ist die Strecke nicht asphaltiert. Dann geht es weiter auf holpriger Piste kurvenreich bergab zur Küste nach **Nidri** › S. 81. Hinter jeder Kurve lohnt ein Fotostopp: Olivenhaine erstrecken sich vor der tiefblauen **Vlicho-Bucht,** malerisch erheben sich die vorgelagerten Inseln aus der Meerenge zwischen Lefkada und dem Festland. Von Nidri aus erreicht man über die Küstenstraße wieder Lefkada-Stadt.

Bootstour zu den Inseln der Stille

—⑨— **Nidri** › **Skorpios** › **Meganisi** › **Nidri**

Dauer: Tagestour
Praktische Hinweise: Täglich starten Ausflugsboote ab Nidri zur Insel Meganisi, nach Spartochori oder Vathy und zurück, inkl. Stopp in den Höhlen. Preis: 40 €, das Mittagessen nicht inbegriffen. Alternativ kann man mit der Fähre nach Meganisi übersetzen (3 €) und die Insel auf eigene Faust erkunden. Neben den Dörfern Vathy, Spartochori und Katomeri locken einsame Badestrände wie Agios

Lefkada

0   5 km

N

Preveza, Nikopolis, Aktio, ✈↑

Agios Nikolaos

Santa Maura
2   **3** Griva

1 Lefkada-Stadt

Peratia

Tsoukalades   **4**
Faneromenis

8   Kariotes

Spanochori   Ligia
Asprogherakata   **SFAKIOTES**
13 Agios Nikitas   Lazarata   **7**
Kathisma   Pinakochori   **8**
14   **15** Karia   Nikiana

Kalamitsi   Alexandros

Platistoma
8   Vafkeri
Englouvi   **7** Perigiali
Wasserfall   Rachi   Sparti
Elati   Nidri   Madouri
▲ 1158   **5**
Komilion   **7** Agia Kiriaki
Skorpios
Dragano   Geni **6**   **9**
Vlicho   Spilia   Vathy
Athani   Sivros   Katochori   Spartochori   Katomeri
Agios Petros   Ag. Joannis
Egremni **11**   **8** Poros   **Meganisi**
Ponti   Sivota
Porto Katsiki **10**   **9** Vasiliki   **7** Marantochori   Papanikoli
7   **9**

Arkondi

12 Kap Doukato

Kefalonia, Ithaka

Ioannis mit einer kleinen Taverne am Strand. Doch aufgepasst! Die angebotenen Schiffstouren variieren bisweilen. Manchmal geht es ab Nidri bis Porto Katsiki, Badestopp in Egremni, dann weiter nach Fiskardo auf Kefalonia, von dort nach Ithaka (Aufenthalt in Vathy), zurück über Meganisi mit Kurzbesuch der Papanikoli-Höhle und weiter zum Badestopp auf Skorpios. Am späten Nachmittag kehrt man nach Nidri zurück (45 €).

Das Ausflugsboot, das am Hafen von **Nidri** ❯ S. 81 startet, nähert sich zunächst der **Insel Madouri,** die sich in Privatbesitz befindet und nicht betreten werden darf. Am Ufer sieht man die Villa von Aristoteles Valaoritis, der neben Dionisios Solomos und Andreas Kalvos zu den großen ionischen Dichtern zählt. Auf Madouri schrieb Valaoritis sein bekanntestes Werk »Fotinos« (»Der Helle«). Die Anregung dazu lieferte ihm die Rebellion der Inselbewohner 1357 gegen die italienische Fremdherrschaft. Als Politiker kämpfte Valaoritis für die Vereinigung der Ionischen Inseln mit

Griechenland. Noch prominenter ist zweifellos die Familie Onassis, der die Nachbarinsel **Skorpios** gehörte. In einem Wald aus Oliven- und Obstbäumen liegen die meist unbewohnten Villen der Familie, Schwimmbäder und Tennisplätze. Auf Skorpios sind Aristoteles Onassis, sein Sohn Alexander und seine Tochter Christina begraben. Nach deren Tod 1988 erbte Onassis' einzige Enkelin, Athina, die Insel und quasi das gesamte Vermögen. Sie verkaufte 2010 Skorpios an den italienischen Modedesigner Giorgio Armani. Den Bootspassagieren ist heute eine halbstündige Badepause vor einem Zaun der Insel erlaubt. Der Fremdenverkehr in der Bucht von Nidri konnte sich erst nach dem Tod des Reeders entwickeln. Vorher hatte der Multimillionär das zu verhindern gewusst; die Gegend, so sein Wunsch, sollte ruhig bleiben.

Die **Insel Meganisi,** mit 18 km² fast so groß wie Paxos, wird vom Boot umrundet. In die Felsen der Westküste hat das Meer im Laufe von Jahrtausenden bizarre Grotten genagt. In die größte, die **Papanikoli-Höhle,** fahren die Ausflugsboote hinein, bevor sie nach Nidri zurückkehren.

---

7 **Strände unter weißen Klippen**   Lefkada-Stadt ❯ Nidri ❯ Halbinsel Geni ❯ Vasiliki ❯ Egremni ❯ Porto Katsiki ❯ Kap Doukato ❯ Kalamitsi ❯ Kathisma ❯ Agios Nikitas ❯ Lefkada-Stadt

8 **Ouzo unter Dorfplatanen**   Lefkada-Stadt ❯ Sfakiotes-Tal ❯ Karia ❯ Englouvi ❯ Vafkeri ❯ Nidri ❯ Lefkada-Stadt

9 **Bootstour zu den Inseln der Stille**   Nidri ❯ Skorpios ❯ Meganisi ❯ Nidri

Unterwegs auf Lefkada

5 *Lefkada-Stadt 1

Lefkada ist ein beschauliches Insel-Hauptstädtchen mit einer ausgesprochen gemütlichen Fußgängerzone, außerdem gibt es ein neues Kulturzentrum, erstaunliche Museen und zahlreiche aktive Chöre, Blas- und Mandolinenorchester. Das »Filармoniki«, bereits 1850 gegründet, ist das älteste Stadtorchester Griechenlands.

Ein Teil der Fußgängerzone, die **Odos Derpfeld,** wurde nach dem deutschen Archäologen Wilhelm Dörpfeld benannt. Hier wie an der Platia Agiou Spiridona reihen sich Läden, Werkstätten, Cafés und Tavernen aneinander. In den Läden werden Spezialitäten wie *Salami aeros* (luftgetrocknete Salami), süße *Mandoles* (gebrannte Mandeln) und *Pastelli* (süße Sesamriegel) angeboten.

Separate Glockentürme aus Stahl und Wellblechfassaden verleihen dem Ortsbild eine unverwechselbare Note. Das Wellblech ist aber keinesfalls ein Provisorium – hinter den Zinkplatten sollen die Gebäude bei Erdstößen zusammenhalten –, dahinter verstecken sich die traditionellen Fassaden aus Lehm und Holz. Den Vorschriften für erdbebensicheres Bauen fielen auch die Kirchtürme zum Opfer, die man durch Eisenkonstruktionen mit Zifferblättern ersetzte.

Die Museen

Mit einer kostbaren Sammlung ionischer und russischer Ikonen (15.–18. Jh.) wartet die ***Bibliothek** (Di–Sa 8.30–13.30, Di und Do 18–20.30 Uhr) auf. Die klassizistische Villa von 1880 war im Zweiten Weltkrieg Sitz der Kommandantur der italienischen, dann der deutschen Besatzer. Im ersten Stock kann man in den »Alt-Ithaka«-Bänden auf Deutsch nachlesen, warum Wilhelm Dörpfeld Lefkada für das homerische Ithaka hielt.

Das ***Archäologische Museum** im Kulturzentrum an der Lagune zeigt u. a. Ausgrabungsfunde Dörpfelds (tgl. außer Mo 8.30 bis 15 Uhr).

<mark>Etwas Besonderes ist das Phonografische Museum</mark> bei der Fußgängerzone, das alles rund ums Grammofon, aber auch aus dem Alltagsleben der Inselbewohner zeigt. Der private Betreiber sitzt im Sommer ab 17 Uhr und oft bis Mitternacht vor der Tür.

Agios Minas

Die Kirche (tgl. 8–12 Uhr) liegt am Ende der Fußgängerzone in der Odos Ioannou Mela. Sie stammt aus der Zeit um 1700 und ist ein gutes Beispiel für den sogenannten Ionischen Barock. Auffallend sind die Deckengemälde von Nikolaos Doxaras. Die Kirchenfahnen gegenüber dem Eingang werden bei Prozessionen

Lefkadas Phonografisches Museum lohnt einen Besuch

mitgeführt. Auch hier steht der Glockenturm neben der Kirche.

Info

Lefkada Hotels Association
Filarmonikis 13][Lefkada
Tel./Fax 2 64 50/2 45 39
www.lefkashotels.gr

Verkehr

■ **Flugverbindungen:** Flughafen Preveza, 25 km nordöstlich auf der Halbinsel Aktio.
■ **Busverbindungen:** Nidri, Vasiliki, Karia, Agios Nikitas, Chortata, Preveza-Aktion, Athen; Busbahnhof 2 km südlich der Brücke hinter dem Jachthafen.

Hotels

■ **Ionian Star**
Lefkada Beach
Tel. 2 64 50/2 47 62
www.ionion-star.gr
Erstes Haus am Platze, direkt am Ende der Brückenstraße, mit Pool und Res-

taurant, 64 Zimmer. Anspruchsvolle Gäste schätzen v.a. die **Professionalität des Hauses.** ●●●

■ **Nirikos**
Paralia][Tel. 2 64 50/2 41 32
www.nirikos.gr
Neueres Haus am Hafen, in direkter Nachbarschaft liegen die bestbesuchten Cafés. Dadurch bis Mitternacht etwas laut; 40 einfache, freundliche Zimmer mit Klimaanlage und Balkon. Kaffee-Bar mit schöner Terrasse. ●●

Restaurants

■ **Margerita**
Am Jachthafen
Gemütliches Lokal; sehr gute Auswahl an frischem Fisch. ●●
■ **Lighthouse**
Filarmonikis 8
In der Nähe des Glockenturms von Ag. Nikolaos kann man im schönen Garten sitzen und typisch griechisches Essen genießen. **Hier isst man richtig gut und günstig.** ●

■ **Kafenio Platanos**

An der Straße nach Faneromenis

Im Traditionscafé wird griechischer Kaffee auf Holzkohle zubereitet und zum Mandelsaft *(Somada)* mit Zwieback unter Platanen und Olivenbäumen serviert. ●

Ausflüge von Lefkada-Stadt

Festung Agia Mavra ❷

Vor der Stadt ragen die Mauern der Festung Santa Maura (Agia Mavra) aus der Lagune. Vom Ortsausgang Richtung Brücke geht man 1 km und steht dann am künstlichen Wassergraben. Links am Brückenfuß sitzen nachmittags Fischer und flicken ihre Netze. Malerisch liegen ihre bunten Boote am Ufer. Genau in ihrem Rücken befindet sich die große Burganlage mit drohend ausgerichteten Kanonen. Der Statthalter Venedigs, Graf Orsini, ließ die Burg im 14. Jh. zum Schutz vor Piratenüberfällen errichten. In venezianischer Zeit hatte das Kastell die Funktion der Hauptstadt, die bei Gefahr die Menschen der Umgebung aufnehmen konnte. Heute ist die Burgruine alljährlich im August Schauplatz der **Kulturfestspiele »Wort und Kunst«.** `Echt gut`

Festung Griva ❸

Rund 1 km weiter stadtauswärts, auf der anderen Seite der Hauptstraße, liegt die Festung Griva, die die Türken im 17. Jh. errichteten und Tekla nannten. Sensationen sind nicht zu finden, aber der Spaziergang in Wassernähe, meist mit etwas Wind, belebt und erfrischt.

*Kloster Faneromenis ❹

Mit dem Bus Richtung Agios Nikitas (oder zu Fuß) gelangt man zum 4 km entfernt gelegenen Kloster Faneromenis, dem einzigen noch bewohnten Kloster der Insel (lassen Sie sich vom Bus an der Stichstraße zum Kloster absetzen!). Das Kloster, benannt nach der Erscheinung der Muttergottes, liegt am Berghang. Vom Klostergarten aus hat man einen **großartigen Blick über die Lagune** bis Lefkada-Stadt. Das Kloster wurde im 17. Jh. gegründet. Die heutigen Gebäude sind 200 Jahre jünger. Schon die Ruhe in den üppig blühenden Gärten `Echt gut`

Lefkadischer Fischer

lohnt den Weg hierher. In einer Seitenkapelle der Kirche bezeugen zahlreiche Votivtäfelchen, dass die Gläubigen dem Bildnis der Gottesmutter, das hier verehrt wird, wundertätige Kraft zuschreiben. Mittwochs findet um 20 Uhr ein Abendgottesdienst statt. (Tgl. 8–14, 16–20 Uhr.)

Nidri **5**

Der Haupttouristenort an der Ostküste ist Nidri. Die viel befahrene Durchgangsstraße ist von Bars, Reisebüros, Geschäften, Restaurants und Hotelhinweisschildern gesäumt. Fish-'n'-Chips-Lokale verraten, dass die Briten hier ein großes Urlauberkontingent stellen. Am Hafen steht eine Statue von Aristoteles Onassis ⟩ S. 82, der einst die gegenüberliegende Insel Skorpios erwarb.

Bei der Straßenbrücke am südlichen Ortsausgang hat der aus Wuppertal stammende Archäologe Wilhelm Dörpfeld vor 100 Jahren einige **Königsgräber aus der Bronzezeit** (2000 v. Chr.) entdeckt. Die kreisförmigen Gräber sind von der Straße her einsehbar, machen aber einen eher verwilderten Eindruck. In der Bucht von Vlicho ankern in der Saison Dutzende teurer Jachten.

Verkehr

■ **Busverbindungen:** Nach Lefkada, Vasiliki.

■ **Fährverbindungen:** Tgl. nach Meganisi, Kefalonia (Fiskardo) und Ithaka (Vathy); es werden Bootsausflüge zu den vorgelagerten Inseln angeboten.

Hotel

Avra Beach

Nidri][**Tel. 2 64 50/9 22 69**
www.avra-beach.gr
Am Kiesstrand gelegenes nettes Hotel mit 52 Zimmern. Dank der Lage genießt man herrlichen Meerblick. ●●

Echt gut!

Die interessantesten Klöster und Kirchen

■ Von beiden Längsseiten ist die Kirche des Schutzpatrons der Insel **Korfu, Agios Spiridon**, zu betreten. Der Leichnam des Heiligen wird hoch verehrt. ⟩ S. 53

■ Eine Oase der Ruhe mit traumhaftem Blick über die **Westküste Korfus** ist das schmucke **Kloster von Paleokastritsa**. ⟩ S. 65

■ Gäste sind im **Kloster Faneromenis** in der Nähe von **Lefkadas Hauptstadt** immer willkommen. Den Blick über die Lagune und die Stadt gibt es gratis dazu. ⟩ S. 80

■ Eines der schönsten kirchlichen Museen der Ionischen Inseln wurde im **Kloster Agios Andreas** in der Nähe der Inselhauptstadt **Kefalonias** eingerichtet. ⟩ S. 99

■ Eine große Anlage mit neuer Kirche wurde beim traditionsreichen Kloster von **Agios Gerasimos** auf **Kefalonia** errichtet. ⟩ S. 100

■ Die Muttergottes wacht nach Ansicht der Gläubigen über **Ithaka**. Ihr ist das sehenswerte **Kloster Kathara** geweiht. ⟩ S. 118

■ Vollständig ausgemalt ist die Kirche des Schutzpatrons von **Zakynthos**, des heiligen **Dionisios**. Neben dem Campanile sind Kirche und Kloster leicht zu finden. ⟩ S. 128

Ausflüge von Nidri

Dörpfeld-Grab auf der Halbinsel Geni

Von Nidri aus lässt sich eine Radtour auf den Spuren Wilhelm Dörpfelds unternehmen. Der frühere Mitarbeiter von Troja-Ausgräber Heinrich Schliemann wollte den Beweis antreten, dass Homers Odysseus nicht im heutigen Ithaka beheimatet war, sondern auf Lefkada. Nach schlüssigen Beweisen suchte er sein Leben lang. Bis heute haben die Archäologen diese nicht gefunden. Dörpfeld lebte auf der Halbinsel Geni vis-à-vis von Nidri.

Mit dem Fahrrad, das man in Nidri mieten kann, schafft man die 10 km leicht. Allerdings geht es am Ende nur auf Waldwegen zur nördlichen Spitze von Geni. Der Weg endet bei der **Kapelle**

Mythos Onassis

Als Aristoteles Onassis glaubte, fast alles im Leben erreicht zu haben, kaufte er sich eine Insel. Mit Skorpios erwarb der aus Smyrna, dem heutigen Izmir, Vertriebene die Heimat, die er nie hatte. Seine Karriere, die in Argentinien mit Aushilfsjobs und Tabakhandel begonnen hatte, steuerte er voller Ehrgeiz von Bord seiner Luxusjacht »Christina« durch die internationale Geschäftswelt und die High Society. Zwischen Buenos Aires, New York, Paris, London, Monaco und Athen baute er ein riesiges Imperium auf. Zusätzlich zu seiner Frachter- und Tankerflotte kaufte der Multimillionär die staatliche Fluggesellschaft und betrieb diese erfolgreich als »Olympic Airlines«. (1973 kaufte der Staat sie zurück, 2009 wurde sie als »Olympic Air« privatisiert und restrukturiert.)

Wie kaum ein anderer Zeitgenosse verstand es Onassis, von Wirtschaftswundern und Krisenzeiten gleichermaßen zu profitieren. »Es gibt kein Gut und kein Böse, sondern nur das, was machbar ist«, lautete seine Maxime. Für die Presse war unwichtig, wie er sein Geld verdiente, viel interessanter war, wie er es ausgab und mit wem. An Bord der »Christina« empfing Onassis illustre Gäste, darunter Winston Churchill und Fürst Rainier von Monaco, genauso wie seine Geliebten, u.a. die Schauspielerin Greta Garbo oder die Sängerin Maria Callas.

Aus erster Ehe mit Tina Livanos hatte er zwei Kinder, Christina und Alexander. Seine zweite Frau, Jacqueline Kennedy, die Witwe von John F. Kennedy, heiratete er 1968 auf Skorpios. Doch sein privates Glück nahm ein jähes Ende, als sein Sohn 1973 bei einem Flugzeugunglück ums Leben kam. Nun zog er sich immer häufiger auf seine Privatinsel zurück. »Dies ist der einzige Ort auf der Welt, an dem ich mich nicht fremd fühle«, soll er gesagt haben. Am 15. März 1975 starb Onassis in Paris im Alter von 69 Jahren. Zu seinem Vermächtnis gehören eine Herzklinik in Athen sowie die Alexander-Onassis-Stiftung. Den Rest des Vermögens erbte Christina, die 1988 – depressiv und tablettensüchtig – an Herzversagen starb. Alleinerbin war ihre 1985 geborene Tochter Athina Onassis.

Agia Kiriaki. Oberhalb des Ufers finden Sie Dörpfelds Wohnhaus und sein Grab.

Zum Wasserfall bei Rachi 7

Das grüne Hinterland von Nidri ist ein reizvolles Wandergebiet. Am Ortsausgang Richtung Hauptstadt sieht man Wegweiser mit der Aufschrift »Rachi/Waterfall, 3 km«. Man biegt, von der Ortsmitte kommend, links in die Straße nach Rachi ein, wandert durch schöne Obst- und Olivenplantagen, danach an einer Schlucht entlang. Bis zum Frühsommer rauscht hier alljährlich ein Gebirgsbach über große Steine, im Hochsommer oder nach einem regenarmen Winter indes fließt kaum noch Wasser. Doch selbst dann lohnt die Wanderung, denn die etwas kühlere Luft bietet angenehme Erfrischung.

*Poros 8

Poros ist ein kleines traditionelles Bergdorf. Die meisten Gäste zieht es jedoch gleich an den Strand, 5 km unterhalb des alten Ortes, wobei selbst **Poros Beach** im Sommer nicht überlaufen ist. Trotz einiger neuer Hotels und vieler Jachten, die hier vor Anker gehen, ist es ein beschaulicher Ort geblieben.

*Vasiliki 9

Vasiliki ist ein äußerst beliebter Urlaubsort im Inselsüden. Aber trotz aller Geschäftigkeit verläuft

das Leben im Dorf noch in alten Bahnen. Herzstück des Ortes mit seinen traditionellen Häusern mit den hölzernen Balkonen ist der **bezaubernde Hafen,** der an zwei Seiten von Tischen und Stühlen der Tavernen gesäumt wird. Man sitzt unter Schatten spendenden Bäumen, genießt den Blick zu den Booten und aufs Wasser und natürlich die Inselküche. Unmittelbar am Ortsrand beginnt der fast 2 km lange Strand, der sich bis zum Nachbarort Ponti hinzieht, wo sich im Sommer zahlreiche Surfer tummeln.

Echt gut!

Verkehr

- **Busverbindung:** Nach Nidri, Lefkada-Stadt.
- **Fährverbindungen:** Nach Kefalonia, Ithaka.
- **Ausflugsboote:** Zum Kap Doukato und nach Porto Katsiki.

Surfer zieht es in die Bucht von Vasiliki

Lange und bisweilen menschenleere Traumstrände säumen die Westküste

Hotels

■ **Vasiliki Bay**
Tel. 2 64 50/3 10 77
www.hotelvassilikibay.gr
Gut geführtes Familienhotel, 30 Zimmer, TV, Aircondition, etwas vom Strand abgerückt in einer Seitenstraße, daher ruhig und doch zentral. ●●

■ **Vasiliki Blue**
Tel. 2 64 50/3 16 02
www.vasilikiblue.gr
Komfortable Studios, herrlicher Ausblick, besonders gastfreundlich. ●●

■ **Pension Spanidis** ❯ S. 18

Restaurants

■ **Kamares**
Beim Ponti-Strand
Griechische Hausmannskost in familiärer Atmosphäre. ●●

■ **Stelios**
Am Hafen
Gerichte der internationalen Küche werden hier liebevoll zubereitet. ●●

6 ✦ **Westküste**

Porto Katsiki 🔟

An den weißen Stränden der lefkadischen Westküste glitzern Sand und Wellen im Sonnenlicht um die Wette. Der Strand von Porto Katsiki ist nur einer der <mark>Traumstrände.</mark> Man wähnt sich eher in der Karibik als in Griechenland. Vor der Kulisse überhängender Kalkwände kann man hier ins Wasser eintauchen, das in allen Schattierungen des Ionischen Meeres leuchtet.

von Lefkada

**Egremni ⑪

Einer der ruhigsten Strandabschnitte im Südwesten der Insel
ist Egremni. Da es keine feste Zu-
fahrt zu dem hellen Kieselstrand
vor den hoch aufragenden Felsen
gibt und die gut 300 Stufen der
Holzstege für manchen beschwer-
lich sind, ist der Strand nicht
überlaufen. Auch von oben sieht
dieser Küstenabschnitt durch die
**helle blaue und blaugrüne Farb-
gebung des kristallklaren Wassers** fantastisch aus.

Echt gut!

**Kap Doukato ⑫

Spektakuläre Abgründe tun sich
auf. Im Volksmund wird Doukato
auch »Kap der Frau« genannt,
weil sich hier die Dichterin Sappho aus Liebeskummer in den
Tod gestürzt haben soll. In der
Antike wurden Verbrecher an
dieser Steilküste zu Tode gebracht.
Man band ihnen lebendes Groß-
geflügel an den Körper, um den
Fall zu verlangsamen. An der Stelle des Leuchtturmes stand einst
ein Apollotempel. Der Gott wurde hier als Beschützer der Seefah-
rer verehrt. Auf den letzten Kilo-
metern zum Kap Doukato
verwandelt sich die Straße in eine
schlecht befahrbare Schotterpiste;
man braucht Zeit, geht am besten
den letzten Kilometer zu Fuß.

*Agios Nikitas ⑬

Das ehemalige Fischerdorf Agios
Nikitas ist ein populärer Ferienort
geworden, mit schönen Bade-
stränden in der Umgebung, wie
Kathisma ⑭ etwas weiter südlich. Den kurzen Weg von der
neuen Straße zum Wasser säumen
Hotels, Pensionen und Tavernen.
In den Bars direkt am Wasser lässt
sich herrlich relaxen. Zumindest
an den Wochenenden ist es sehr
voll, da die Hauptstadt nicht weit
entfernt ist.

Hinter dem Hotel Odyssey
führt ein Pfad zu einem angeblich
über 4000 Jahre alten Olivenbaum. Aus dem zerklüfteten
Stamm sprießt noch etwas Grün.

Verkehr

Busverbindung: Nach Lefkada-Stadt.

Hotels

■ **Odyssey**
Agios Nikitas][Tel. 2 64 50/9 73 51
www.odysseyhotel.gr

Der 4000 Jahre alte Olivenbaum

Von viel Grün umgebener Komplex in Hanglage; 37 helle Zimmer mit Balkon und 3 Apartments. ●●

■ **Agios Nikitas**
Tel. 2 64 50/9 74 60
www.agiosnikitas.gr
Haus im traditionellen, inseltypischen Baustil unter deutschsprachiger Leitung; 28 gepflegte Zimmer, 8 Apartments. ●●

Restaurants

■ **Agnadio**
Am Hafen
Gebratener Fisch bei traumhaftem Blick über das Meer. ●●

■ **Sappho**
Am Hafen
Hier wird der frische Fisch auf dem Holzkohlegrill zubereitet. ●

Karia 15

Karia ist für viele **das schönste Bergdorf der Insel.** Obwohl hier etwa 1000 Menschen leben, das Dorf also nicht ganz klein ist, geht es ruhig und gemütlich zu. Treffpunkt für Jung und Alt ist der Dorfplatz, vor dem an jedem Vormittag der Fischhändler mit seinem Wagen hält. An der Platia sitzt der Papas und beobachtet mit würdevoller Gelassenheit die Hauptstraße. Um ihn herum haben sich ein paar alte Männer an den Tischen niedergelassen und nippen hin und wieder aus ihren winzigen Kaffeetassen. Der Gemüseladen gegenüber wird gerade beliefert, heftig hupend beschwert sich ein Autofahrer, weil er hinter dem Transporter warten muss. Derweil bringt der Kellner aus dem Kafenion eine neue Ladung griechischen Kaffees; natürlich balanciert er die Tässchen auf dem *diskos*, dem herkömmlichen runden Tablett mit dem hohen Henkel.

Der Ort ist das **Zentrum der** Echt gut! **lefkadischen Handarbeitskünste.** In jedem zweiten Haus werden handgestickte oder gehäkelte Decken, Sets, Vorhänge oder Taschen angeboten. Informationen über diese traditionellen Künste und das Leben vor 100 Jahren bekommen Besucher in dem beachtenswerten **Volkskundemuseum** mit seiner Spezialabteilung »School of Karsaniki Art and Handicraft«, die sich der Stickerei widmet. In dem uralten, typisch lefkadischen Landhäuschen sind neben einem Webstuhl auch Geschirr, eine hölzerne Raki-Presse, mit deren Hilfe früher der Trester hergestellt wurde, und Karia-Trachten, wie sie Männer und Frauen um 1800 herum im Dorf trugen, zu bewundern. (Tgl. 9 bis 21 Uhr.)

Special

Lefkadische Hochzeit

»Blühe süß wie ein Apfelbaum«: Mit diesen Worten wünscht die Mutter ihrer Tochter am Hochzeitsmorgen Glück. Und Glück haben die Urlauber, die an der traditionellen lefkadischen Hochzeit teilnehmen können. Wer wird schon in der Fremde zu einer echten Dorfhochzeit eingeladen? Die Leute von Karia begehen einmal im Jahr ein öffentliches Hochzeitsfest und geben damit vielen Besuchern der Insel eine Gelegenheit zum Feiern.

■ **Termin:** am Wochenende vor dem 15. August.

■ **Übernachten:** In Karia werden Gästezimmer an Touristen vermietet. Fragen Sie in den Kafenia an der Platia danach!

Festmahl und Tanz

Die Braut ist eine Augenweide. Sie trägt eine farbenfrohe Tracht aus Seide, die mit glitzernden Goldstickereien verziert ist. Auf dem Kopf sitzt ein keckes Samtkäppchen, am Ehrentag natürlich von einem langen weißen Schleier umhüllt. Hoch zu Ross wird sie zur Kirche geführt. Nach der Trauzeremonie und dem festlichen Essen eröffnet sie den Tanz. Bis in die frühen Morgen hinein wird in Karia gefeiert. Begangen wird diese nach dem Krieg neu aufgelegte Tradition wieder seit 1954.

Traditionelle Handarbeiten

In den Gassen von Karia fertigen die Frauen ihre Handarbeiten nach traditionellen Mustern an und verkaufen die *kentimata* an Ort und Stelle. Die bestickten Taschen und Deckchen sind ein originelles Souvenir. Sie lassen sich nicht nur zu ihrem eigentlichen Zweck verwenden, sondern geben auch als Wanddekoration zu Hause ein hübsches Bild ab!

Kefalonia und Ithaka

Nicht verpassen!

- Sich vom Gondoliere im Boot auf dem Melissani-See umherrudern lassen
- Abendbummel am Kai in Argostoli
- Ein Abendessen im malerischen Fischerdorf Fiskardo
- Einen Badetag in der Traumbucht von Mirtos
- Spaziergang zur venezianischen Burg mit fantastischem Blick über Assos
- Einen Abend im romantischen Hafen von Vathy auf Ithaka

Zur Orientierung

Kefalonia (786 km², 37 000 Einw.) ist die größte und landschaftlich interessanteste der Ionischen Inseln. Idyllische Badebuchten, die spektakulären Tropfsteinhöhlen von Drogarati und Melissani, großartige Ausblicke in die Bergwelt – und in der Ebene von Omala ein Weinanbaugebiet, das man in dieser Größe auf einer griechischen Insel nicht erwarten würde, machen ihren Reiz aus. Wunderschöne Wanderungen führen auf den Enos (1628 m), den höchsten Berg der Inselgruppe, dessen Gipfelregion zum Naturschutzgebiet erklärt wurde.

Eigentlich hat Kefalonia drei Hauptstädte. Die offizielle ist das beschauliche Argostoli; die frühere, aus venezianischer Zeit, liegt in Sichtweite hoch auf dem Berg: Agios Georgios. Der dritte Hauptort, Sami, ist durch den Tourismus entstanden. Hier legen die großen Fähren an, und hier locken in der Umgebung schöne Strände. Hotels verschiedener Kategorien finden sich in und bei Sami, aber auch in Poros, Skala und Lourdata.

Ganz im Norden liegt das fotogene Fischerdorf Fiskardo, das bei dem verheerenden Erdbeben von 1953 wie durch ein Wunder nicht zerstört wurde. Auch in Assos findet man überall Fotomotive, rund um den Hauptplatz, am Wasser und auf dem Weg zur 2 km entfernt liegenden Burg. Von hier genießt man einen fantastischen Blick auf die Traumbuchten von Mirtos und Agia Kiriaki.

Die kleine Nachbarinsel **Ithaka** (93 km², 3500 Einw.) mit ihren tief eingeschnittenen Buchten gilt als Heimat des Odysseus und eignet sich hervorragend für Wandertouren. Zwei unterschiedliche Teile werden durch einen nur 600 m breiten Streifen Land zusammengehalten, der felsige Süden mit der Hauptstadt Vathy und der grünere Norden mit den winzigen Hafenbuchten von Frikes und Kioni. Wer möchte, kann auf den Spuren Homers wandern, zur Nymphengrotte oder zur Arethusa-Quelle. Auf dem Wege nach Stavros im Zentrum der Insel sollte man unbedingt dem Kloster Kathara einen Besuch abstatten.

Zauberhaft: der Hafen von Fiskardo im Norden Kefalonias

Den Hafen von Kioni säumen traditionelle Häuser

Touren in der Region

Zu Klöstern und Winzern

━━⑩━━ Argostoli › Krani › Enos › Poros › Tsanata › Markopoulo › Lourdata › Agios Andreas › Agios Gerasimos › Robola-Winzerei › Argostoli

Dauer: halber Tag, bei Wanderung auf den Enosgipfel ganzer Tag, ca. 100 km

Praktische Hinweise: Diese Tour sollte man mit dem Wagen unternehmen, Busse verkehren nach Agios Andreas und Poros. Wer auf den Enos wandern möchte, sollte unbedingt an festes Schuhwerk, ausreichend Getränke und einen Pullover denken.

Man verlässt ****Argostoli** › S. 93 in Richtung Sami. Vis-à-vis von Argostoli lag das antike **Krani,** von dem noch Reste der einstigen Stadtmauer aus dem 5. und 4. Jh. v. Chr. erhalten sind. Zwischen Oliven und Gestrüpp wurden zudem mykenische Kuppelgräber entdeckt, die rund tausend Jahre älter sind. Auf der Fahrt durch die Inselmitte erreicht man nach etwa 25 km den Abzweig zum Nationalpark **Enos.** Wer den höchsten Berg der Inselgruppe bezwingen möchte, muss etwa 4 Std. für die Wanderung einplanen › S. 101.

2 km vor Sami biegt man bei **Grizata** scharf rechts ab und gelangt über Agios Nikolaos zur Bucht mit dem Hafenort **Poros** › S. 111, an dessen südlich gelegenen Stränden man eine Badepause einlegen kann.

Von hier aus geht es wieder zurück bis **Tsanata** › S. 112, wo bedeutende archäologische Funde gemacht wurden. Hier biegt man links ab Richtung **Pastra** und **Markopoulo** › S. 113.

Der kleine Abstecher nach ***Lourdata** › S. 113 bringt einen zu einem beliebten Badeort. Wer Lust hat, kann im »Thalassino Trifilli« › S. 107 zu Mittag essen.

Das nächste Ziel ist das sehenswerte Kloster ****Agios Andreas** › S. 99, dessen Klosterkirche 1990 zu einem interessanten Museum umfunktioniert wurde. Inmitten der von Weinbergen geprägten Landschaft wartet ein weiteres Kloster auf Besucher: das dem Inselpatron geweihte ***Agios Gerasimos** › S. 100. Auch hier kann die Kirche besichtigt werden.

Weiter geht es durch die Weinberge zur nahe gelegenen **Winzergenossenschaft Robola,** die von mehr als 200 Bauern beliefert wird. Gäste dürfen durch einige Produktionsstätten spazieren und landen zum Schluss im Probier- und Verkaufsraum, wo die verschiedenen Produkte auf Englisch erklärt werden und wo man natürlich Wein kaufen kann. (April bis Okt. 9–20.30, Nov.–März werktags bis 15 Uhr, Tel. 2 67 10/ 8 63 01, www.robola.gr) Von der Weinkooperative folgt man den Schildern zur Hauptstraße und ist nach etwa 10 km wieder zurück in Argostoli.

Das malerisch gelegene kleine Örtchen Assos

Idylle im Norden

⑪ **Argostoli › Farsa › Petrikata › Angonas › Mirtosbucht › Assos › Fiskardo › Agia Efimia › Drakata › Argostoli**

Dauer: Tagestour, ca. 130 km
Praktische Hinweise: Für diese Tour brauchen Sie einen Wagen. Fotoapparat nicht vergessen, da sich traumhafte Panoramablicke bieten. Und unbedingt Badesachen einpacken, in der Mirtosbucht muss man einfach schwimmen gehen. Wer die Ruhe liebt, kehrt mittags in Assos ein, wer es mondäner möchte, verbringt die Pause in Fiskardo.

Man verlässt ****Argostoli › S. 93** in südlicher Richtung, umfährt das Ende der Bucht, nimmt auf der östlichen Seite der Bucht die Straße nach Norden, dem Wasser folgend (nicht nach Sami). Während man mehrere vom Erdbeben 1953 verwüstete Bergdörfer passiert, erkennt man links in der Bucht immer wieder Fischfarmen. Auch die Bewohner von **Farsa** haben ihr Dorf verlassen und es unten an der Straße neu aufgebaut. Wie eine Geisterstadt blicken Ruinen auf die neue Siedlung herab. Bei **Petrikata** verlässt man die Bucht und nimmt strikten Nordkurs. Hohe Berge begleiten den kurvenreichen Weg rechts, während man ab **Angonas** links wieder den Blick aufs Meer hat. Schon der Strand von **Agia Kiriaki** ist wunderschön. Doch unübertrefflich ist der Blick in die nun folgende ****Mirtosbucht › S. 104**. Machen Sie hier auf jeden Fall eine Badepause!

Wenige Kilometer weiter zweigt links eine Straße ins Bilderbuchstädchen ****Assos › S. 104** ab, wo man ebenfalls unbedingt einen Stopp einlegen sollte. Unternehmungslustigen ist die Besteigung des Burgberges unbedingt zu empfehlen.

Weiter geht es nach *Fiskardo › S. 105 an der Nordspitze der Insel. Hier wäre Gelegenheit, am romantischen Hafen in einer der zahlreichen Tavernen zu Mittag zu essen und auf Fotobummel zu gehen.

Die Rückfahrt erfolgt zunächst 10 km auf der bekannten Strecke, dann hält man sich links, fährt mitten durch die Bergwelt nach *Agia Efimia › S. 108, einem weiteren beliebten Ausflugsort. Quer durch den Inselnorden geht es, an **Makriotika** vorbei, über **Drakata** zurück zur Mirtosbucht und dann in südlicher Richtung wieder nach Argostoli.

Kefalonia / Ithaka

0   10 km

Zu Klöstern und Winzern Argostoli › Krani › Enos › Poros › Tsanata › Markopoulo › Lourdata › Agios Andreas › Agios Gerasimos › Robola-Winzerei › Argostoli

Idylle im Norden Argostoli › Farsa › Petrikata › Angonas › Mirtosbucht › Assos › Fiskardo › Agia Efimia › Drakata › Argostoli

Auf der Insel des Odysseus Vathy › Lefki › Stavros › Frikes › Kioni › Anogi › Kloster Kathara › Vathy

Auf der Insel des Odysseus

⑫ **Vathy › Lefki › Stavros › Frikes › Kioni › Anogi › Kloster Kathara › Vathy**

Dauer: Halbtagstour, ca. 50 km
Praktische Hinweise: Wer keinen eigenen Wagen dabei hat, kann diese Tour mit dem Taxi unternehmen. Taxis warten am Hauptplatz von Vathy. Erfragen Sie vorher den Preis, der sich danach richtet, wie lange die Stopps sind, die Sie unterwegs einlegen. Mit 50 € für etwa zwei Stunden muss man rechnen. Man kann bei längerem Aufenthalt unterwegs das Taxi auch zur Rückfahrt zu einer bestimmten Zeit bestellen.

Vom zauberhaften Inselhauptort *Vathy › S. 114 auf der Südhälfte Ithakas führt die Straße in den Nordteil der Insel zur engsten, nur 600 m breiten Stelle. Durch Lefki geht es nach *Stavros › S. 119, das wie viele andere Dörfer aus Furcht vor Piratenüberfällen in die Berge gebaut wurde. In **Pelikata,** 1 km vom Dorfzentrum entfernt, sind Reste einer Siedlung aus der Bronzezeit entdeckt worden. Weiter geht es nach **Frikes** › S. 120, dem kleinen Hafen im Norden, danach sollte man, immer am Wasser entlang, einen Ausflug in das noch beschauliche *Kioni › S. 121 unternehmen, wo Tavernen zu einer Rast einladen.

Zurück über Frikes und Stavros, biegt man bei der Kirche links zum Bergdorf *Anogi › S. 121 ab. 3 km weiter Richtung Vathy liegt das *Kloster Kathara › S. 118. Vom Platz vor der Klosterpforte hat man einen herrlichen Blick auf die fjordähnliche Bucht von Vathy. Wenn der einzige Mönch des Klosters nicht gerade betet oder eine Mittagspause einlegt, kann man Kirche und Klostergarten besichtigen.

Unterwegs auf Kefalonia

Argostoli ❶

An der einstigen Hafenbucht der Venezianer gelegen, ist Kefalonias Hauptstadt (12 000 Einw.) ein beschaulicher Ort. Den Reedern ist die Anfahrt in die kleine Bucht von Argostoli viel zu umständlich. Zum Greifen nahe ragen mächtige Berge jenseits der Hafenbucht auf, die zum Sonnenuntergang in fantastisches Licht getaucht werden. Beim großen Erdbeben am 12. August 1953 fast vollständig zerstört, wurde Argostoli danach zweckmäßig und wie vom Reißbrett wieder aufgebaut – mit der zentralen **Platia Valianou,** die am Abend zu Leben erwacht, und einer stets belebten, mit weißen und schwarzen Kieseln ausgelegten **Hafenpromenade.** Hier wird täglich ein großer Markt abgehalten. Gleich neben den Markthallen flicken die Fischer vormittags ihre Netze, und gegen 9.30 Uhr kommen einige Exemplare der großen Karettschildkröte, um sich ein paar Fischreste abzuholen.

Einige repräsentative Gebäude wie das Kefalos-Theater und die Korjialenios-Bibliothek zeugen vom gestiegenen Selbstbewusstsein der Bewohner im 18. und 19. Jh. Bis Mitte des 18. Jhs. war Argostoli nur der Hafen der einstigen Hauptstadt Agios Georgios › S. 98, die in 10 km Entfernung auf dem Burgberg liegt. Dann wurde sie zur Inselhauptstadt befördert.

Straßenbrücke und Obelisk

Echt gut! **Den schönsten Blick auf die Stadt** hat man von der 900 m langen, für den Autoverkehr gesperrten Straßenbrücke, die die seichte Bucht seit 1813 durchtrennt und den Hauptort mit dem gebirgigen Rumpf der Insel verbindet. Die Brücke samt Obelisken, die das Erdbeben überstand, geht zurück auf den britischen Gouverneur Schweizer Abkunft Charles Philipp de Bosset. Sein Nachfolger Charles Napier ersetzte die Holzkonstruktion durch die Bögen aus Stein. Der Obelisk erinnert an beide.

**Archäologisches Museum

Das Museum (Platia Valianou/ Od. Rokou) zeigt Funde aus Lakithra und Kokolata im Süden der Insel, darunter bemalte Vasen aus der mykenischen Zeit, fantasievoll gestaltete Halsketten und Armbänder aus weißen und blauen Quarzsteinen (tgl. außer Mo 8.30 bis 15 Uhr).

**Volkskundemuseum

Vom gesellschaftlichen Leben vor dem Erdbeben von 1953 erzählt das Volkskundemuseum (History Museum), das im Erdgeschoss der **Korjialenios-Bibliothek** untergebracht ist. Der Streifzug durch die

Das Massaker von Argostoli

Eines der dramatischsten Ereignisse an der Mittelmeerfront spielte sich während des Zweiten Weltkriegs nahe Argostoli ab. Die Kefalonier, die sich immer wieder gegen imperialistische Großmächte zur Wehr setzen mussten, wandten sich auch gegen die deutschen Besatzer. 1943 verbündeten sie sich mit der italienischen Gebirgsjägerdivision Brigata Acqui, die Mussolini und Hitler die Gefolgschaft verweigert hatte. 9000 italienische Soldaten kämpften tagelang gegen die übermächtigen deutschen Truppen, allerdings vergeblich. Nach der Kapitulation der Italiener geschah das brutale Verbrechen: Einige tausend Überlebende wurden nach ihrer Gefangennahme auf Befehl Hitlers von deutschen Einheiten niedergemetzelt, nur wenige entkamen. Das Denkmal nördlich der Stadt erinnert an dieses Massaker.

jüngere Geschichte beginnt mit einer historischen Modenschau: Bäuerliche Trachten, vornehme Straßenkleider, festliche Abendroben und elegante Uniformen, außerdem handgearbeitete Spitzen, kunstvolle Stickereien und Schmuck vom 15. bis 19. Jh. gehören zu den Exponaten. Ein Blick in die Schlafgemächer und die mit antiken Möbeln, Ölgemälden und originalen Accessoires ausgestatteten Salons zeigt, wie stilvoll das Leben im 19. Jh. war. Webstühle, Werkzeuge, eine Käserei und landwirtschaftliche Geräte zeugen vom handwerklichen Können der Bewohner. Schwarz-Weiß-Fotografien halten die Erinnerung daran fest, wie die Stadt aussah, als sie nach dem Erdbeben in Trümmern lag, und wie die Einwohner sie aus Schutt und Asche wieder aufbauten. Außerdem finden sich im Museum Hinweise auf die Tradition des Theaters. Im 19. Jh. gaben italienische Theatergruppen Gastspiele auf der Insel. (Odos Ilia Zervou 12, Mo–Sa 9–14 Uhr.)

*Kefalos-Theater

Mehrere Theater wurden in Argostoli im Laufe der Zeit errichtet, darunter 1859 das Kefalos-Theater mit dreistöckigen Logen. Der Krieg zerstörte zwar das große Haus, nicht aber die Liebe der Kefalonier zum Theater. Das neue Kefalos steht inzwischen längst wieder – und zwar an der gleichen Stelle wie sein Vorgänger (Georgiou B') nördlich der Platia Valianou.

Das Kefalos-Theater blickt auf eine lange Tradition zurück

Mitropolis

Die Hauptkirche, nach dem heiligen Spiridon ❯ S. 52 benannt, befindet sich ganz in der Nähe der Fußgängerzone, an der Odos Georgiou Vergoti. Die Kirche ist traditionell ausgemalt. Über dem Eingang ist ein Stifterbildnis zu sehen. Die Kirche ist tagsüber geöffnet.

*Cephalonia Botanica

Das ist neu auf den Ionischen Inseln: Eine Stiftung hat einen **Naturpark** eingerichtet, um v.a. Schulkindern den Gedanken des Naturschutzes nahezubringen. Pflanzengruppen sind beschildert, Steingärten angelegt, Bach und Teich vorhanden, sogar ein

Freilufttheater wurde errichtet. Der Naturpark befindet sich am Hang beim südlichen Ortsausgang ganz in der Nähe der Polizeistation; ab hier ist der Weg beschildert. (Di–Sa 8.30–15 Uhr, Eintritt noch frei.)

Info

Tourism Office
Provlita Teloniou
Tel./Fax 2 67 10/2 22 48
An der nördlichen Hafenmole, neben der Port Authority. Kostenlose Prospekte und Infos zu Wandermöglichkeiten.

Verkehr

■ **Flugverbindungen:** Tgl. nach Athen; der Flughafen liegt 9 km südlich der Hauptstadt.
■ **Busverbindungen:** Nach Sami, Fiskardo, Valsamata/Ag. Gerasimos, Kourkoumelata, Skala, Poros, Dilinata, Lassi und Athen. Busstation nahe der Brücke an der Uferstraße; auch Ausflüge nach Zakynthos, Ithaka und Olympia.

■ **Fährverbindungen:** Stdl. nach Lixouri (25 Min.), im Sommer alle 30 Min; im Sommer Fähre nach Zakynthos ab Pessada, 15 km südöstlich (keine Busverbindung!).

Hotels

■ **Europe**
Kavvadia 2][**Tel. 2 67 10/2 46 81**
www.europehotel.gr
Oberhalb der Stadt am Hang gelegen, bietet das Haus eine **fantastische Aussicht.** 13 Apartments und 3 Suiten, bestens ausgestattet, Minimarkt auf dem Grundstück, Bar im Garten, 200 m zum Hafen. ●●●–●●
■ **Mouikis**
Odos Vironos 3
Tel. 2 67 10/2 30 32
www.mouikis.com
Zentral gelegen, zwischen Hafenpromenade und Fußgängerzone, sehr 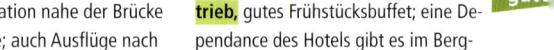 **persönlich geführter Familienbetrieb,** gutes Frühstücksbuffet; eine Dependance des Hotels gibt es im Bergdorf Lakithra. ●●

Erdbeben

Die Ionischen Inseln liegen in einem ausgesprochenen erdbebengefährdeten Gebiet. Seit dem 15. Jh. berichten die Historiker von 31 schweren Beben, die meisten mit Zentrum in Lefkada und Kefalonia. Das schwerste Erdbeben des 20. Jhs. fand am 12. August 1953 statt. Das Epizentrum lag genau unter der Insel Kefalonia, die bis zu 30 cm angehoben wurde und an manchen Orten nicht wieder zurücksank. In Sekunden waren ganze Ortschaften zerstört. Der erste Erdstoß erfolgte um 11.23 Uhr und dauerte 45 Sekunden. Kefalonia, Zakynthos und Ithaka wurden von den Stößen der Stärke 7,3 auf der Richterskala am stärksten betroffen. In vielen Orten brachen Feuer aus, weil gerade das Mittagessen mit Gas zubereitet wurde. Um 14.02 und 16.08 Uhr folgten weitere Stöße der Stärke 6,3 bzw. 6. In den Tagen danach sorgten 20 Nachbeben für neue Schrecken. Allein auf Zakynthos kamen etwa 100 Menschen ums Leben, mehr als 500 wurden verletzt. Inzwischen gibt es strikte Bauvorschriften, um erdbebensichere Häuser zu errichten. Ob sie wirklich sicher sind, bleibt abzuwarten.

■ Captain's Table

Tritsi Antoni 143, Ecke 21. Maiou
Tel. 2 67 10/2 71 70
Neben typisch griechischer Küche kommen auch diverse vegetarische Gerichte auf den Tisch. Ebenfalls empfehlenswert sind Pasta, Pizza und die Steaks. Bekannt für gute Qualität. ●●

■ Casa Grec

Vergoti 3, westl. Platia Valianou
Tel. 2 67 10/2 44 49
In der Taverne werden griechische Spezialitäten als kleine Köstlichkeiten serviert. ●●

■ Kiani Akti

Metelas, an der Straße zum Leuchtturm][Tel. 2 67 10/2 66 80
Wunderschöne Seeterrasse, sehr guter Fisch und als Spezialität Kaninchen in Weinsoße. ●●

■ Paparazzi

Lavraga 2
Gutes italienisches Restaurant mit vorzüglicher Holzofenpizza und Seafood-Pasta. ●●

■ Patsouras

I. Metaxa, Ecke Lavragka
Tel. 2 67 10/2 27 79
Wer traditionelle griechische Küche genießen will, ist hier richtig. Man geht an die Theke, schaut in Tiegel und Töpfe und trifft seine Wahl. Auch der Wein vom Fass ist köstlich. ●●

Echt gut!

Ausflüge von Argostoli

Wanderung zu den *Katavothres ❷

Eine schöne Wanderung führt von der Uferpromenade Richtung Norden, vorbei an neu erbauten Hotels, Apartmenthäusern und der Akademie der Handelsmarine durch einen kleinen Wald zu den berühmten Unterwassermühlen, den Katavothres. Bei diesen Mühlen floss früher Meerwasser ins Erdreich und bewegte die Mühlräder. Beim Beben von 1953 hat

Bummel in Argostoli

sich dieser Teil der Insel gehoben, so dass die Räder funktionslos wurden. Trotzdem bildeten sie noch immer ein schönes Fotomotiv. Die letzte Mühle wurde restauriert und ist neben dem modernen Clubrestaurant Kathavotres wieder in Betrieb.

Weiter am Nordufer entlang, erreicht man nach 1 km ein Rundtempelchen, ***Agii Theodori 3**. Trotz des frommen Namens handelt es sich um den Leuchtturm aus der Zeit von Gouverneur Napier und um ein ganz und gar **stimmungsvolles Fotomotiv bei Sonnenuntergang.** Nach weiteren 2 km ist man im Badeort **Lassi ›** rechts angekommen, wo mitten im Ort eine neue Straße über den Bergrücken wieder nach Argostoli führt (Länge des Rundweges ca. 8 km).

Burg *Agios Georgios 4

10 km südöstlich von Argostoli liegt, weithin sichtbar, die Burg Agios Georgios, die bis Mitte des 18. Jhs. Hauptstadt der Insel war. Viele Bewohner benutzen heute noch für den Ort den Ausdruck Kastro, Burg. Die Festung auf der Höhe schützte vor Piratenangriffen oder türkischen Eroberern. Wer sich den kleinen Ort auf dem Burgberg und die Ruinen ansehen will, nimmt am besten ein Taxi bis hinauf. Man geht durch das Tor und erkennt erst jetzt die Größe der gewaltigen Anlage, die 1262 begonnen und Anfang des 16. Jhs. von Venedig erweitert wurde. 600 m lang ist die Umfassungs-

mauer. Der Blick reicht bis zum Enos-Bergmassiv, zum Flughafen und nach Lassi/Argostoli. (Mai bis Okt. Di–Sa 8–19, So 8–15 Uhr, Eintritt frei.)

Vor dem Eingang zur Burg bietet das Café Kastro Erfrischungen und einen herrlichen Blick über die Ebene. Den Rückweg kann man zu Fuß bewältigen, zunächst 2 km vom Berg in die Ebene, dann an der Straße entlang.

*Lassi 5

Lassi hat sich zu einem modernen Seebad entwickelt, mit einigen großen Hotels und zahlreichen Pensionen. Der Ort lebt im Sommer von britischen Pauschaltouristen. Die Hauptstraße ist gesäumt von zahlreichen Tavernen, Souvenirläden und Supermärkten. Mehrere Strandabschnitte stehen zur Wahl: **Platis Gialos** ist der südliche, **Makris** der breitere nördliche Strand.

Im Ort weist ein Schild zur 500 m entfernt gelegenen **Höhle des heiligen Gerasimos.** Er ist der Schutzpatron der Insel und wurde 1622 heiliggesprochen. Vor den Eingang zur Höhle hat man eine kleine Kirche gesetzt. In ihrem Inneren führen rechts ein paar Stufen zu der Höhle, in der Gerasimos gelebt haben soll, bevor er das nach ihm benannte Kloster gründete.

Am Strand von Platis Gialos

Große Hotelanlage mit 102 Zimmern und 60 Bungalows, zwischen Pinien terrassenförmig am Hang angelegt, familienfreundlich und in Strandnähe (Platis Gialos). ●●

Region Livatho

Auffallend wohlhabend wirken die Dörfer südöstlich von Argostoli. Schwerreiche Reeder und griechische Auswanderer, die in der Fremde zu Geld gekommen sind, haben nach dem Erdbeben für raschen Wiederaufbau gesorgt. Hier stehen Gebäude im Stil klassischer Tempel neben modernen Sportanlagen, schicken Bungalows und pompösen Villen. Der Vorzeigeort **＊Kourkoumelata** **6** erinnert eher an ein gediegenes Landstädtchen in den Vereinigten Staaten als an ein griechisches Dorf.

Metaxata **7** ist wegen seiner mykenischen Felsengräber und vor allem durch Lord Byron
❯ S. 100 bekannt, der hier 1823 ein Haus gemietet hatte. Man zeigt den Platz, von dem aus er aufs Meer schaute; heute liegt der Flughafen dazwischen.

In **Kaligata** **8** gab es eine traditionsreiche Weinkellerei. Die Weißweine von »Calliga«, die inzwischen in Athen aus der Robola-Traube gekeltert werden, zählen zu den besten des Landes.

＊＊Agios Andreas **9**

Die Entstehungszeit des Nonnenklosters, beliebtes Pilgerziel vieler Gläubiger, reicht bis in die Zeit der Christianisierung zurück. Im 15. Jh. wurde es neu erbaut. Bei einem Erdbeben kamen bis dahin unentdeckte Fresken, viele davon aus der nachbyzantinischen Zeit (16./17. Jh.), zum Vorschein.

1990 wurde die **alte Kirche zum Museum umfunktioniert,** mit bedeutenden Wandmalereien, Ikonen aus der kretischen Schule, einer fein geschnitzten Altarwand von 1610, kostbaren Messkelchen und Gewändern. 2002 kamen weitere Museumsräume hinzu. (Mo–Sa 9–14, im Sommer auch 16 Uhr bis Sonnenuntergang.)

In der neuen Klosterkirche wird als Reliquie der rechte Fuß des hl. Andreas – er soll 1639 vom Berg Athos hierher gebracht worden sein – in einem Holzschrein aufbewahrt.

7 *Agios Gerasimos

Am Fuß des Enos, in der Ebene von Omala, liegt das bedeutendste Kloster Kefalonias. Hier befinden sich seit mehr als 400 Jahren die Gebeine des Inselpatrons, des hl. Gerasimos. Aus der Gegend von Korinth stammend, wurde er zunächst Mönch auf dem Berg Athos. In Jerusalem zum Priester geweiht, kam Gerasimos 1555 nach Kefalonia, wo er während der ersten fünf Jahre in einer

Der romantische Lord

Am 2. August 1823 läuft ein Schiff in den Hafen von Argostoli ein. An Bord befindet sich neben der üblichen Fracht ein bemerkenswert gut aussehender Mann, 35 Jahre alt, Dichter und enfant terrible der feinen englischen Gesellschaft: George Gordon Lord Byron. Der Lord ist des Dichtens überdrüssig, er möchte in die Politik eingreifen. Der griechische Unabhängigkeitskampf bietet ihm die Chance, mit den Griechen gemeinsam gegen die Osmanen zu kämpfen. In ganz Europa kennt man den charmanten Lord, seine skandalösen Amouren lassen den Klatsch blühen. Byron amüsiert sich in seiner Rolle als amoralischer Adelsspross. Er pflegt seine Leidenschaften, darunter den Einsatz für die Freiheit. Im »Don Juan« ruft er die edlen Hellenen auf, das türkische Joch abzuschütteln. Seine Texte versetzen Europa in einen Taumel des Philhellenismus.

Auf Einladung des Griechischen Komitees in London begibt sich Byron nach Griechenland. Doch kaum ist er in Kefalonia angekommen, wird sein Tatendrang jäh gebremst: Entsetzt über die heillose Zerstrittenheit der Griechen, möchte er sich keiner der Parteien, die über ihren Kampf die unterschiedlichsten Vorstellungen hegen, anschließen. Der Lord bezieht in Metaxata Quartier und wartet ab. Doch die politische Situation bleibt weitgehend unverändert. Am 29. Dezember 1823 verlässt er die Ionischen Inseln. Auf dem Festland erwartet ihn ein Anführer des Unabhängigkeitskampfes. Byron wirbt in Messolongi ein 600 Mann starkes Heer an, aber er kommt nicht dazu, mit seinen Männern zu kämpfen. Am 19. April 1824 erliegt der schillerndste Dichter der englischen Romantik dem Sumpffieber. Sein Tod rüttelt die europäische Öffentlichkeit auf, was einige Regierungen zum Anlass nehmen, die Griechen in ihrem Freiheitskampf zu unterstützen.

Höhle bei Lassi › S. 98 lebte. Die Kirche, die er errichten ließ und die später zu einem Kloster erweitert wurde, barg eine wertvolle Marienikone. Von den alten Gebäuden steht nur noch der Glockenturm. Alles andere wurde nach 1953 neu errichtet.

Größter Schatz der Kirche ist der Reliquienschrein mit den Gebeinen des Schutzpatrons, der bei den verschiedensten geistigen und körperlichen Gebrechen helfen soll. Ein Priester sitzt neben dem Glassarkophag, nimmt die Zettel mit Gebetsanliegen entgegen. Die Gläubigen küssen den Sarkophag, während der Priester die Bitten an den Heiligen vorliest. Eine weitere Menschenschlange bildet sich an einer kleinen Treppe, die in die Tiefe führt, zu einer Höhle, in der Gerasimos sich in Askese geübt haben soll. Pilger aus dem ganzen Land kommen am 16. August, seinem Todestag, sowie am 20. Oktober zum Gedenken an die Überführung der Gebeine. Prozessionen geleiten den Schrein dann zu der großen Platane im Hof, die Gerasimos 1570 gepflanzt haben soll. Wegen des Andrangs der Bittsteller **erweiterte man das Kloster um ein überdimensionales Gotteshaus.** Schon von Weitem sieht man die große rote Kuppel der neuen Kirche in der Ebene.

Der **Enos ⓫

Auf der Strecke Argostoli – Sami sieht man den massiven Gebirgsstock des Enos. Eine kurvige Stra-

Agios Gerasimos

ße, die bis zur Beobachtungsbasis der NATO am höchsten Berg der Insel asphaltiert ist, zweigt zum Gipfel ab. Die Bergfahrt wird begleitet von einer **fantastischen** Echt gut! **Fernsicht.** Die Hänge sind zunächst kahl und felsig; weiter oben krallen sich Brombeerbüsche und Wolfsmilchgewächse in den hellen Steinboden. Hinter dem kleinen Forsthaus auf 1130 m Höhe beginnt der Nationalpark mit seinen einzigartigen Wäldern. Eigentümlich sieht sie aus mit ihren schwarzen Nadeln und weit verzweigten buschigen Ästen, die Kefalonia-Tanne *(Abies cephalonica),* die bereits Homer erwähnt. Die Bäume bedeckten einst die Höhen und Täler rund um den Enos, den die Venezianer Monte

Absolut lohnend ist eine Wanderung auf den Enos, den höchsten Berg

Negro nannten. Waldbrände und Rodungen für den Schiffbau ließen den »schwarzen Wald« jedoch lichter werden. Die Briten strengten erste Versuche an, den Wald wieder aufzuforsten. Seit 1962 steht die Gipfelregion nun auch offiziell unter Naturschutz. Schon immer hat die Kefalonia-Tanne die Tier- und Pflanzenwelt sowie das Klima in der Bergregion beeinflusst. Hier leben außer Füchsen und Eichelhähern auch einige Dutzend verwilderter Pferde, Nachkömmlinge venezianischer Nutztiere, die in den Wäldern Schutz fanden.

Am besten lässt man das Auto am Forsthaus stehen und geht von dort zu Fuß weiter. Nehmen Sie etwas Proviant, vor allem ausreichend Wasser mit, denn zu kaufen gibt es hier oben nichts. Drei bis vier Stunden sind es auf dem gut begehbaren Forstweg zum 1628 m hohen Gipfel und zurück. In der Morgenfrische bereitet die Wanderung besonderes Vergnügen. Eben noch lässt die Sonne den Himmel stahlblau erscheinen, plötzlich verhüllen aufziehende Wolken den Wald mit einem mystischen Dunstschleier und verdecken das Panorama von der Küste bis zu den Nachbarinseln. Nur Sekunden später blitzen wieder Sonnenstrahlen zwischen den Tannen durch.

der Ionischen Inseln

Halbinsel Paliki

Lixouri 12

Die zweitgrößte Stadt der Insel (6000 Einw.) ist mit der Autofähre in 25 Minuten ganzjährig von Argostoli zu erreichen. Für den 30 km langen Landweg braucht man länger. Nach dem Beben von 1953 ist eine moderne Stadt entstanden, mit einer riesigen Platia, an der v.a. am Abend das Leben pulsiert. Sehenswert ist die 200 m südwestlich der Platia gelegene *Villa Iakovatos mit der Volkskundesammlung (tgl. außer So 9.30–13 Uhr, Eintritt frei). An der Platia stehen Taxis, mit denen man auch Touren auf der Halb-

insel Paliki unternehmen kann. Handeln Sie vorher den Preis aus!

Der Strand von *Xi 13

Im Süden der Halbinsel liegen schöne Strände. Besuchenswert ist v.a. Xi, berühmt wegen seines feinen roten Sandes, nach Osten schließt sich ein weiterer Abschnitt mit rötlichem Sand an, **Megas Lakos,** weniger bekannt und deshalb nicht überlaufen. Auch dieser Küstenabschnitt hatte sein Naturwunder, die <mark>Kounopetra, die beweglichen Steine.</mark> Die Alten schwören: Die aufrecht im Wasser stehenden Monolithe bewegten sich. Jedenfalls bis 1953. Das Beben veränderte die Oberfläche der Insel, seither stehen sie still.

Verkehr

■ Mit dem Taxi gelangt man von Lixouri nach Xi (ca. 10 €).
■ Zweimal täglich Bus ab Lixouri nach Xi, Abfahrt nördlich vom Fähranleger, jenseits einer kleinen Brücke.
■ Die 7 km sind auch per Fahrrad möglich, Fahrradverleih in Lixouri.

**Kloster Kipoureon 14

Quer durch die Halbinsel führt die Straße zur Westküste. Hier liegt, spektakulär auf einer Klippe in 100 m Höhe, das Kloster Kipoureon. Nur ein Mönch lebt noch hier, der bei Massenansturm von Gästen nicht begeistert schaut. Wer jedoch höflich anklopft und bittet, die Kirche sehen zu dürfen, wird, sofern anständig gekleidet, willkommen geheißen. Ausnahme: in der Mittagsruhe!

Herrlich ist der **Blick vom Klostergarten auf die Steilküste.** Etwa 5 km östlich von Kipoureon lag früher ein weiteres Kloster, Tafion, von dem nur noch Ruinen erhalten sind.

Die Westküste

Assos 15

Die Häuser von Assos schmiegen sich an einen schmalen Felsgrat. Der Fischerort, gleich an zwei Seiten vom Wasser umgeben, ist Idylle pur. Wer will, kann gleich neben den Tavernen einen Sprung ins klare Wasser tun. Man mag sich über den Namen des Dorfplatzes wundern, nämlich »Pariser Platz«. Der Grund: Frankreich half den Dorfbewohnern, den Ort nach dem Erdbeben wieder aufzubauen. Wer mit dem öffentlichen Bus nach Assos kommt, muss die letzten 4 km zu Fuß gehen. Da den Bussen immer wieder die einzige Wendemöglichkeit

durch parkende Autos blockiert wurde, ist der Halt aus dem Fahrplan genommen.

Einen Abstecher wert ist die 2 km oberhalb gelegene ***venezianische Burganlage. Hinter** **jeder Kurve bieten sich neue wunderschöne Blicke,** entweder Richtung Mirtosbucht ⟩ unten oder zur anderen Dorfseite, wo das schäumende Meer zahlreiche Höhlen in die Felswände genagt hat. Die Burg ist verlassen, das Tor immer offen. Im Inneren wuchert die Natur zwischen verfallenen Mauern. Wenden Sie sich hinter dem Burgtor nach rechts und folgen Sie dem Rundweg, der Sie zurück zum Tor bringt.

Mirtosbucht 16

Eingerahmt von steilen Felsen, ist die Mirtosbucht mit ihrem langen Kiesstrand **einer der schönsten Badeplätze Kefalonias** – und deshalb im Sommer ziemlich überlaufen. Dennoch sollte man

Im Hafen von Fiskardo

den Weg einschlagen und hier einen Badestopp einlegen. Alleine der Blick auf die Bucht ist umwerfend, schimmert das Meer doch in den unterschiedlichsten Blautönen.

Die Ostküste

8 ***Fiskardo** 🔢
Malerisch präsentiert sich Fiskardo an der Nordspitze der Insel, der einzige Ort, der vom Erdbeben verschont blieb. Nirgendwo sonst auf Kefalonia sind die Häuser so bunt – manche sind mit naiven Malereien und Sgraffiti geschmückt. Die Bewohner Fiskardos leben vom Fischfang und zunehmend vom Tourismus. Vor allem Segler und Taucher schätzen den Ort und seine Möglichkeiten. Um den hübschen Hafen herum drängen sich Tavernen und Souvenirläden, das **Volkskundemuseum** wartet und in den Dorfgassen entzückt jede Ecke das Auge des Fotografen. Der Ortsname erinnert an den Normannenführer Guiskard, dem die Eroberung des Dorfes kein Glück brachte: Er starb auf seinem letzten Feldzug an der Pest.

Lohnenswert ist ein Ausflug zum Aussichtspunkt **Alaties** 🔢 (Abzweigung in Maganos) an der Westküste. Hier ragen rostrote und hellgraue Steilwände 80 m hoch aus dem Meer.

Spektakuläre Aussicht bei Alaties

Exklusives Haus in der Emblissi Bay 1 km nördlich; stilvoll mit Naturmaterialien ausgestattete Zimmer und Suiten. Schöne Poollandschaft, Tauchkurse, Leihräder. ●●●
■ **Nicolas**
Tel./Fax 2 67 40/4 13 07
www.nicolasrooms.com
Großzügig gebautes Haus auf der westlichen Hafenmole mit wunderschönem Blick auf den Hafenort, Taverne im Haus. ●●

Restaurants

■ **Tassia**
Am Uferkai][Tel. 2 67 40/4 12 05
Berühmt für frischen Hummer. ●●●
■ **Tselentis**
Am Dorfplatz][Tel. 2 67 40/4 13 44
Taverne in einem traditionellen Haus von 1893 und seitdem im Besitz ein- und derselben Familie. Typische Inselküche, frischer Fisch. ●●

Hotels

■ **Emelisse Hotel**
Tel. 2 67 40/4 12 00
www.arthotel.gr/emelisse

Wandern auf Kefalonia

Die Landschaft der Insel Kefalonia ist reich an Außergewöhnlichem. Hier gibt es den scheinbar bodenlosen Avithos-See, geheimnisvolle Tropfsteinhöhlen wie die Melissani und den von einzigartigen Tannen umgebenen Enos-Gipfel. Wer sich als Individualreisender auf den Weg macht, kann auf einigen markierten Wegen die Insel selbstständig erkunden. Eine Route startet in Lourdata.

Startplatz Dorfbrunnen

Lourdata heißt ein kleines Dorf am Südrand des Enos. Wasser gibt es hier genug. Am Berg staut sich die Hitze, so das auf den Feldern auch sogar Bananen reifen. Die Gegend entspricht einer Gartenlandschaft mit Zypressenreihen als Windfang, mit Olivenhainen, Johannisbrotbäumen und von Steinmauern umgrenzten Gemüsebeeten. Auf dem Wanderweg, den die Naturschützer von Archipelagos **>** S. 109 markiert haben, lernen Sie in zwei Stunden die Flora und Fauna dieser Küstenregion näher kennen. Ausgangspunkt ist die Quelle am Dorfplatz, wo die Frauen früher ihre Wäsche gewaschen haben. Folgen Sie dann der Straße in Richtung Strand. Hinter dem Hotel Lara geht es links ab in den Hang, mitten durch Gärten voller Zitrus- und Feigenbäume, durch Pinienhaine und dichte Macchia.

Tragen Sie für die Wanderung feste Schuhe und lange Hosen, sonst drohen wunde Füße und zerkratzte Waden! Badesachen einpacken, denn der Weg führt zu einem traumhaften Strand.

Ein Bad im Meer

Wenn Sie auf die Küste hinunterblicken, sehen Sie hinter dem Sandstrand von Zäunen geschützte Gärtchen mit Zucchini, Tomatensträuchern und Auberginen. In den letzten Jahren entstanden in der Bucht Pensionen und kleine Hotels. Kein Wunder – das Meer schimmert in allen Türkisschattierungen, und der 2 km lange Strand besteht überwiegend aus Sand. Der Rückweg nach Lourdata führt am Meer entlang. Wenn Sie Badesachen dabei haben, sollten Sie hier in die Wellen springen. Vom Marschieren ermattete Wanderer erfrischt das Wasser herrlich, und auch der Blick auf den Enos richtet die Lebensgeister wieder auf.

■ **To Thalassino Trifilli**
Lourdata,
gegenüber Hotel Lara
Tel. 2 67 10/3 11 14
www.trifilli.com
Die schattige Terrasse unter Orangenbäumen lädt am Abend zum Genießen ein: Die Schweizerin Susan Dimitratos-Fisch und ihr Mann bieten ein familienfreundliches Feriendomizil mit guter griechischer Küche. Sie informieren auch über Wanderwege und den Naturschutz auf Kefalonia: In einem Infostand der Naturschutzorganisation »Archipelagos« stehen Bücher und Broschüren über die Insel bereit, auch auf Deutsch.

●●
■ **Busanbindung:** Die Bushaltestelle für Lourdata ist im nahen Vlachata (Verbindungen u. a. mit Argostoli, Skala, Poros).

Vorsicht Ziegenpfad!

Wanderer sollten sich genau an die Wegbeschreibungen der von Archipelagos herausgegebenen Faltblätter halten, denn die Bergwege sind manchmal nicht leicht von Ziegenpfaden zu unterscheiden. Und wer Letzteren folgt, dem kann es passieren, dass er am Ende des Pfades bestenfalls vor einem Viehstall steht.

Wanderwege – drei vor wenigen Jahren angelegte Wege machen das Wandern auf der Insel noch abwechslungsreicher. Sie führen über die Hügel von Sami nach Andisami, von Pastra nach Katelios und von Poros zu den mykenischen Gräbern. Infos bei Archipelagos ❯ S. 109.

Bei Skala lädt der Mounda-Strand (Abzweigung Hotel Mounda Beach) zu einer Wanderung (ca. 2 Std.) durch seinen feinen Sand bis zum Kap Mounda ein. Im Sommer sieht man immer wieder Spuren der Karettschildkröten ❯ S. 134.

Evreti 🔟

Die Ostseite der Inselspitze gibt sich lieblicher. Bei Evreti kann man durch Zypressenwälder und Macchia wandern. Die zerklüftete Küste bietet ideale Lebensräume für die vom Aussterben bedrohten Mittelmeer-Mönchsrobben. Leider gefährden Touristen, die mit Harpunen auf Jagd gehen oder mit Motorbooten in die Grotten hineinfahren, das Leben der Robben. Um deren Arterhaltung sorgen sich die Naturschützer von »Archipelagos« › S. 109.

*Agia Efimia 🔟

Agia Efimia ist ein beliebter Segelhafen. Mittags, wenn die Ausflugsbusse hier Station machen, herrscht Hochbetrieb in den Tavernen. Zwar wird eifrig gebaut, dennoch ist Agia Efimia bislang ein ruhiges und gemütliches Örtchen geblieben. Ein Kiesstrand lädt zum Baden ein, in Richtung Sami hat man die kleinen, allerdings steinigen Buchten oft für sich allein. Die Ruhe wurde im Jahr 2001 für einige Wochen unterbrochen, als die amerikanische Regisseur John Madden hier und in Sami Szenen des Films »Corellis Mandoline« drehte, mit Penelope Cruz und Nicholas Cage in den Hauptrollen.

Buch-Tipp Corellis Mandoline, der (2001 verfilmte) Roman des britischen Bestsellerautors **Louis de Bernières,** handelt von einer Romanze auf Kefalonia im Zweiten Weltkrieg und den Konflikten mit den italienischen und deutschen Besatzern (Fischer TB).

Sami 🔢

Sami ist zum bedeutendsten Fährhafen der Insel geworden. Dass der Ort zu den antiken Städten der Insel gehörte, bezeugen die Ruinen der Akropolis auf dem Hügel östlich des Hafens. Dort verteidigten sich die Bewohner 188 v. Chr. tapfer, aber vergeblich gegen die Römer.

Bis zur **Akropolis** sind es 3 km (Wegweiser »Kastro«, am Kloster Agrilion vorbei). Die Reste der antiken Stadtmauer, ihre meterhoch aufgetürmten Quader und Torbögen sind von Olivenbäumen und Gestrüpp überwuchert. Lohnende Ausflugsziele in der Nähe sind die Höhlen von *Drogarati › S. 110 und **Melissani › S. 110. Auch zur idyllischen **Bucht von** *Andisami 🔢 ist es nicht weit. Umrahmt von grünen Hängen liegt der Kiesstrand zwischen saftigen Viehweiden und dem blauen Meer.

Verkehr

- **Busverbindung:** Nach Argostoli.
- **Fährverbindungen:** Tgl. Ithaka und Patras, im Sommer Ithaka–Kefalonia (Fiskardo) und Lefkada (Vasiliki), in der Saison auch nach Brindisi.

Hotels

- **Green Bay**
Karavomilos/Sami
Tel. 2 67 40/2 22 29
www.hotelgreenbay.com
Das Green Bay bietet helle Zimmer und Apartments mit Panoramaverglasung und Balkon, etwas außerhalb an einer schönen Felsenbucht gelegen. Swimmingpool vorhanden.●●

Damit die Fokies überleben

»Die Mönchsrobben stehen im Mittelmeer unmittelbar vor dem Aussterben. Helfen Sie uns, sie zu retten«. So beginnt eine Informationsbroschüre mit Hinweisen zum Schutz der Mittelmeer-Mönchsrobben. Und Hilfsmaßnahmen sind bitter nötig, denn im Ionischen Meer gibt es Schätzungen zufolge nur noch 40 bis 50 Tiere. Monachus monachus, so der wissenschaftliche Name, ist die seltenste Robbenart weltweit und das am meisten bedrohte Meeressäugetier in der Europäischen Union.

Die Tiere brauchen ruhige Gebiete und Höhlen für die Aufzucht der Jungen. Das Weibchen bekommt nur ein Junges, das nicht schwimmen kann. Es muss am Strand oder in einer Höhle mit sandigem Innenraum liegen, bis es schwimmen und fischen gelernt hat. Mönchsrobben erschrecken leicht. Werden sie gestört, lassen sie ihr Junges im Stich.

Seit 1985 beobachten die Meeresbiologen der Umweltschutzorganisation Archipelagos die Lebensgewohnheiten der Robben bei Kefalonia, Lefkada und Ithaka. Einen Erfolg hatte ihre Arbeit bereits: Zwischen Ithaka und dem Südwestkap von Kefalonia ist eine sogenannte NATURA-Zone entstanden, die den Robben das Überleben ermöglichen soll. Seit 1998 bemüht sich Archipelagos auch um den Schutz der Robben auf Zakynthos. Zu den zahlreichen Aufgaben gehören u. a. die Erhebung von Daten über die Stärke der Robbenpopulation und die Ausarbeitung eines Planes für die zukünftige Schutzzone entlang der Westküste von Zakynthos. Von Anfang an arbeitete Archipelagos eng mit den Fischern vor Ort zusammen, die von Gegnern längst zu Verbündeten der Robben geworden sind. Besucher sollten sich von Höhlen fernhalten, um die »Fokies« nicht zu stören. Wer eine Robbe sieht, sollte Archipelagos informieren. Denn Schutzbestimmungen nützen wenig, wenn Bewohner wie Touristen nicht mitziehen.

Adresse: **Archipelagos – Environment and Development,** G. Vergoti 61, Argostoli, Tel./Fax 2 67 10/2 45 65; Lourdata, Tel./Fax 2 67 10/3 11 14.

■ **Sami Beach**

Karavomilos][Tel. 2 67 40/2 28 24
www.samibeachhotel.gr
Familienfreundliches Haus an einem
flach abfallenden Kiesstrand. Klimati-
sierte Zimmer mit Kühlschrank, Spielplatz, Pool. ●●

Camping

Karavomilos Beach
Tel. 2 67 40/2 24 80
www.camping-karavomilos.gr
2 km nördlich am Strand gelegen;
schattige Stellplätze unter Pappeln
und Eukalyptus. ●

Restaurants

■ **Melissani**
Ausgezeichnete Fischtaverne, gleich
neben dem Campingplatz. ●●

Wundersame Höhlenwelt

■ **Café Sami**

Posidonos 14
Im Traditionscafé direkt am Hafen genießt man bei ==köstlichem Eis, Kuchen
und gutem Kaffee== den Meerblick. ●

9 **Tropfsteinhöhlen**

*Drogarati

Ein wahrlich beeindruckendes
Erlebnis! **Man betritt ein Gewölbe so groß wie ein Konzertsaal.**
Die nadelfeinen bis phallusähnli-
chen Stalagmiten und Stalaktiten
sind orange und gelb angestrahlt.
Und die echoreiche Akustik in
der kühlen Höhle macht man sich
seit Langem zunutze: Im Haupt-
raum, wo knapp 1000 Besucher
Platz haben, finden gelegentlich
Konzerte statt. Auskünfte über
das aktuelle Programm erteilt die
Touristeninformation in Argostoli. Wer die Höhle besuchen will,
muss allerdings 170 Stufen hinab-
steigen. Doch es lohnt sich!
(März–Okt. tgl. 9–19 Uhr.)

**Melissani 24

Über dem Höhlensee von Melissani ist vor Jahrtausenden die Fel-
sendecke eingebrochen, so dass
das Tageslicht ein ==mystisches Far-
benspiel== projiziert. Man gleitet
mit dem Ruderboot auf dem glas-
klaren Quelltopf dahin, wird vom
»Gondoliere« informiert, dass
hier, an den Wänden, das Wasser
wieder austritt, das bei den Mee-
resmühlen von Argostoli im Erdreich verschwindet, und zwar
höher als beim Eintreten. Mit
Farbbeimengungen ist das nach-
gewiesen worden. Der Grund: Im

porösen Kalkgestein sickert Wasser in den Boden und erhöht den Druck in den engen Röhren, so dass tatsächlich das Wasser einige Zentimeter nach oben gepresst wird. In der Höhle wurde ein Idol des Pan gefunden, auf dem der Gott von tanzenden Nymphen umgeben dargestellt ist. Die Tonbilder sind im Archäologischen Museum von Argostoli ausgestellt › S. 94. (Mai–Okt. 9–19 Uhr, inkl. Bootsfahrt 7 €.)

Tropfsteinhöhle Drogarati

Poros 25

Am Ausgang einer Schlucht breitet sich an bewaldeten Hängen das Hafenstädtchen Poros aus. Der Anleger für die Fähren zur Peloponnes befindet sich jenseits eines Hügels, der sich zwischen Hafen und Ortsmitte schiebt. Auch Poros ist zum Touristenort geworden, allerdings liegen die Hotels nicht alle nebeneinander, manche Herberge auch im Hinterland. Die besten Strände erstrecken sich südlich des Hafens bis nach Skala.

Verkehr

■ **Busverbindungen:** Nach Argostoli, Skala.
■ **Fährverbindung:** Nach Killini (Peloponnes).

Hotel

Oceanis
Tel. 2 67 40/7 25 81
www.hoteloceanis.gr
Das beste Hotel, in ruhiger Hanglage am Südende der Hafenbucht, mit 16 komfortablen Zimmern, Balkon mit Meerblick, Pool. ●●

Avithos-See 26

An der Straße Richtung Sami führt bei Agios Nikolaos ein Weg zu einem für Griechenland selte-

Die spektakulärsten Naturwunder

■ Gleich mit zwei berühmten Tropfsteinhöhlen wartet der Südosten **Kefalonias** auf: **Drogarati** in Konzertsaalgröße und **Melissani** mit Gondolieri. › S. 110
■ Wie auf Capri können die **Blauen Grotten von Zakynthos** mit flachen Booten befahren werden. › S. 133
■ An der Bucht von Peroulades **im Norden Korfus** hat die Natur Kanäle in die gelben Lehmwände geschnitten. Der **Canal d'Amour** hilft gar bei Liebeskummer. › S. 67
■ Mehrere Naturhöhlen an der Westküste von **Paxos** verblüffen die Besucher des kleinen Eilandes: **Ipapanti, Kastanida, Petriti.** › S. 71
■ Spektakulär sind die **weißen Felsen an der Westküste Lefkadas,** vom Kap Doukato bis Kathisma. Hier wird jedes Bad zum Erlebnis. › S. 84

Bis heute weiß niemand, wie tief er ist: der Avithos-See, wenige Kilome-

nen Feuchtbiotop: zum Avithos-See. Im hohen Schilf versteckt sich der kleine See, der nicht leicht zu finden ist. Der »Bodenlose«, so die Übersetzung des Namens, heißt so, weil seine Tiefe bis heute nicht exakt ausgelotet werden konnte. Es handelt sich um einen großen Quelltopf, von dem aus zahlreiche Bäche die Felder und Gärten bis hin nach Poros bewässern.

Tsanata 27

Bei Tsanata in der Nähe von Poros sind die Archäologen angeblich einer sensationellen Entdeckung auf der Spur. Um das große Kuppelgrab (1350–1050 v. Chr.) vermuten sie ein frühes mykenisches Zentrum, vielleicht das homerische Ithaka, die Stadt des Odysseus?

Wer das Grabgewölbe besichtigen möchte, muss allerdings vorab einen Termin vereinbaren (Tel. 2 67 40/7 30 60).

Pastra 28

Südlich von Poros liegt das Dörfchen Pastra. Die Käserei mitten im Ort produziert nicht nur *Feta*, sondern auch Spezialitäten wie *Kefalotiri*, *Graviera*, *Lathotiri* oder *Misithra*. Eine Besichtigung mit Käseprobe ist möglich.

ter nordwestlich von Poros

Südküste

Kato Katelios 29

Im ruhigen Küstenort mit ein paar Pensionen locken am Strand die Liegestühle und der Spielplatz, abends die Tavernen mit frischem Fisch, Langusten und Hauswein. Außerdem kann man sich bei den Naturschützern im Ort ausführlich über die Situation der vom Aussterben bedrohten Caretta caretta, der Meeresschildkröten
❯ S. 134, informieren.

Markopoulo 30

In Markopoulo kann man alljährlich einem wundersamen Mysterium beiwohnen: Um den 15. August, dem größten orthodoxen Marienfest (Mariä Entschlafung), tauchen im Dorf kleine Schlangen auf, die ein schwarzes, kreuzähnliches Zeichen am Kopf tragen. Sogleich herrscht helle Aufregung; die Bewohner tragen die ungiftigen Reptilien furchtlos in die Kirche. Nach dem Marienfest, das mit Gottesdienst, Gesang und Tanz gefeiert wird, verschwinden die »Schlangen der Muttergottes« wieder bis zum kommenden Jahr. Die Einheimischen halten ihr Erscheinen für ein Glückszeichen. Die wissenschaftliche Erklärung für das Phänomen: In der Umgebung von Markopoulo leben viele Katzennattern (Telescopus fallax). Da ihre Paarungszeit in den August fällt, verlassen die Tiere in diesem Monat für kurze Zeit ihre Schlupfwinkel.

*Lourdata 31

Der Ort verdankt sein subtropisches Klima einem Naturphänomen. Der Enos, der sich steil aus dem Meer erhebt, hält die kühlenden Nordwinde ab und sorgt für besonders hohe Temperaturen. Da genügend Wasser vom Berg kommt, ähnelt die Gegend südlich des Enos einem natürlichen Gewächshaus. In der Umgebung laden viele Strände zum Sonnenbaden und Verweilen ein. In den letzten Jahren sind rund um den kleinen Ort auch zahlreiche neue Unterkünfte entstanden. Von hier aus lassen sich schöne Wanderungen über die Insel unternehmen
❯ S. 106.

Unterwegs auf Ithaka

*Vathy 32

Die Überfahrt zum Hauptort Ithakas ist nicht nur am frühen Morgen ein Erlebnis, wenn sich die Insel aus dem Dunst erhebt und die glatte See in der fjordähnlichen Bucht vor Vathy tiefblau schimmert. Dahinter staffeln sich die pastellfarbenen Häuser wie bei einem Amphitheater im Halbrund den Hang hinauf. Die Stadt ist, nachdem sie vom Erdbeben 1953 nahezu völlig zerstört worden war, nach alten Plänen neu erbaut worden und hat dabei ihren Charme bewahrt. Von Vathy aus hat man keinen freien Blick aufs Meer, sondern nur auf die Bucht, in der das kleine Inselchen **Lazaretto** bis heute Sturm und Wellen abwehrt. Der Name weist darauf hin, dass die Insel in der Vergangenheit als Quarantänestation diente, zudem befand sich hier zwischen 1850 und 1912 das Gefängnis. Heute ist nur ein kleines Kirchlein zu sehen, das bereits 1669 erbaut wurde. Lord Byron und der Archäologe Heinrich Schliemann sollen regelmäßig von Vathy aus zur Insel Lazaretto geschwommen sein.

Archäologisches Museum

Hinter der Villa Drakouli, dem einzigen Gebäude, das schon vor dem Erdbeben existierte, liegt das Archäologische Museum. Eine **Sammlung von Keramikgefäßen zeigt die Vielfalt der Muster des geometrischen Stils.** Hellbeige Vasen, Weinkannen sowie Trinkschalen tragen rote und schwarze Schachbrettmuster, Spiralen, Gitterwerke und Mäander. Die meisten Stücke wurden in den 1930er-Jahren von den Archäologen William A. Heurtley und Sylvia Benton bei ihren Ausgrabungen auf dem stadtnahen Aetos gefunden. Auf dem Berg sind noch heute die spärlichen Reste der antiken Stadt Alkalomenai zu sehen, die bereits im 13. Jh. v. Chr. bewohnt war. Die beiden Wissenschaftler konnten jedoch genauso wenig wie Heinrich Schliemann, der dort anhand der ausführlichen Landschaftsbeschreibungen der »Odyssee« nach den Ruinen des Königspalastes gegraben hatte, den Nachweis erbringen, dass Odysseus tatsächlich auf Ithaka gelebt hat. (Tgl. außer Mo 8.30 bis 15 Uhr, Eintritt frei.)

Echt gut

Marine- und Volkskundemuseum

In dem Museum nahe der Platia sind außer historischen Fotos auch Trachten, Ikonen und allerlei Hausrat aus dem 19. Jh. zu sehen (Mo–Sa 9–14 Uhr).

Kirche Agios Nikolaos

Die rotbraune Kirche ist im Gewirr der Häuser nicht leicht zu finden. Sie liegt unterhalb des

Blick in die Bucht von Vathy

Friedhofs bzw. hinter dem Café Calypso an der Hafenpromenade. Im schummrigen Inneren der völlig ausgemalten Kirche wird eine sehenswerte Christusikone aufbewahrt, die El Greco zugeschrieben wird, was manche allerdings bezweifeln. Angeblich entstand das Bild als Frühwerk noch auf Kreta, von wo der Künstler später über Venedig nach Spanien emigrierte. Die Figur des dornenbekrönten Jesus umläuft eine fein geschnitzte Blätterranke.

Info

Polyctor Tours
Pl. Ethnikis Antistasis 695
Tel. 2 67 40/3 31 20
www.ithakiholidays.com
Die Reiseagentur am Hafen vermittelt auch Unterkünfte.

Verkehr

■ **Busverbindungen:** Nach Stavros, Kioni und Frikes.

■ **Fährverbindungen:** Nach Kefalonia und Patras.

Hotels

■ **Omirikon**
Tel. 2 67 40/3 35 96
www.omirikonhotel.com
Großzügig ausgestattetes neues Haus mit geräumigen Studios und Apartments mit Balkon oder Terrasse. Der Besitzer, Omiros Kostopoulos, betreibt auch das Reisebüro Polyctor Tours, das Ausflüge organisiert, Boote und Unterkünfte auf anderen griechischen Inseln vermittelt. ●●●

■ **Odyssey**
Tel. 2 67 40/3 34 00
www.ithaki-odyssey.com
Die Apartmentanlage liegt in bezaubernder Hanglage, 1,5 km vom Hafen Vathy entfernt. Vermietet werden 9 Studios für 2–6 Personen, die mit traditionellen Holzmöbeln und Küchenecke ausgestattet sind. Vorhanden sind zudem ein Swimmingpool sowie ein Kinderspielplatz im Garten. ●●

Echt gut!

■ **Mentor**
Paralia Vathy][Tel. 2 67 40/3 30 33
www.hotelmentor.gr
In dem familiären Haus am Hafen
quartieren sich vorwiegend
griechische Gäste ein; 30 Zimmer. ●●

Restaurants

Liberty
An der Hafenstraße Richtung
Skinos-Strand
Tel. 2 67 40/3 25 61
Das Restaurant am nördlichen Ufer der
Bucht serviert in recht elegantem Am-
biente **besonders gute, einfallsreiche**
Fischgerichte und Schalentiere mit
internationalem Pfiff. Schöner Sonnen-
untergangsblick. ●●—●●●

Echt gut!

Unterwegs in Vathys Treppen-
gassen

■ **Kantouni**
Die auch bei Einheimischen beliebte
Taverne hat Tische am Hafen aufge-
stellt. ●●

Aktivitäten

■ **Baden:** Die wenigen Strände der Insel sind überwiegend Kiesstrände. Son-
nenanbeter sollten eine Unterlage zum
Liegen mitnehmen. **Loutsa Beach** liegt
Vathy am nächsten, ist zu Fuß zu erreichen. Im Sommer fahren Kaikis zu weiter entfernten Stränden hinaus, z.B.
nach **Filiatro.**
■ **Rundfahrten:** Reiseagenturen
bieten Rundfahrten um Ithaka sowie
Ausflüge nach Kefalonia mit Strand-
stopps an.

Ausflüge von Vathy

Die Nymphengrotte 🔢

Bei einem Spaziergang zur 4 km
entfernt gelegenen Nymphengrotte (beschildert) können sich Liebhaber der Odyssee fragen, ob die
Berge und Höhlen Ithakas mit
den von Homer beschriebenen
übereinstimmen. In dem uralten
Nymphenheiligtum soll Odysseus
die kostbaren Geschenke der Phäaken nach seiner Heimkehr versteckt haben.

Der Hinweis »Phorcinos Bay«
in der **Dexia-Bucht** erinnert daran, dass dies der Hafen des
Phorkys gewesen sein könnte. An
jener Stelle sollen die Phäaken
Odysseus an Land gebracht haben. Am Ende der inneren Bucht
führt ein Weg links hügelan,
Hinweisschild: »Spilaion Nym-

phon/ Nymphies caves«. Hier entstehen zurzeit inmitten einer wilden Landschaft einige Villen. Eine schmale Pforte im Fels dient als Einstieg in die Tropfsteinhöhle. Die Grotte ist allerdings wegen Einsturzgefahr seit Jahren offiziell geschlossen. Trotzdem kann man beim Eingang sitzen und ein paar Verse aus der Odyssee lesen. Wegen der Steigung braucht man für den Hinweg 90 Minuten, der Rückweg ist schneller zu schaffen.

Odysseus – ein Mann mit vielen Gesichtern

Odysseus einst und heute

Gütiger König von Ithaka und strenger Despot, listenreicher Krieger und hinterhältiger Zerstörer – Odysseus trägt all diese Züge. Im Krieg gegen Troja empfiehlt er den Griechen, ein hohles hölzernes Pferd zu bauen, welches die Trojaner schließlich in ihre Stadt einlassen. In der Nacht klettern Griechen aus dem Innern des Pferdes und öffnen Trojas Tore. Doch selbst Odysseus gelingt nicht alles. Auf der Rückfahrt von Troja nach Ithaka gerät er in die Fänge des Riesen Polyphem. Um sich und seine Kameraden aus der Gefangenschaft zu befreien, brennt er dem Riesen, einem Sohn des Meeresgottes Poseidon, sein Auge aus. Heldentat oder gottloser Frevel? Der Vater des Riesen jedenfalls nimmt Odysseus das Blenden übel und schickt ihn aus Rache auf eine Irrfahrt, die ihn immer weiter von seinem so sehnsuchtsvoll vermissten Ithaka wegführt.

Odysseus' schillernder Charakter beschäftigt seit drei Jahrtausenden die Menschen. Es ist sehr wahrscheinlich, dass Homer die Geschichte der Abenteuer des ithakischen Königs nicht selbst erfunden hat. Vielmehr scheint er im ausgehenden 8. oder im frühen 7. Jh. v. Chr. mündliche Überlieferungen zum ersten Mal schriftlich festgehalten zu haben.

Durch die Jahrhunderte hindurch änderte sich das Bild von Odysseus. War er ein Siegertyp, der sein Schicksal selbst in die Hand nahm und sein Ziel, die Rückkehr nach Ithaka, erfolgreich durchsetzte? Oder war er ein besessener Abenteurer, verantwortungslos gegenüber seinen Kameraden auf dem Schiff, das er selbstherrlich kommandierte? Die Fragen, die der Mythos Odysseus aufwirft, sind noch immer aktuell, vor allem die Psychologie interessiert Leser heute: Steckt ein bisschen Odysseus in uns allen?

Auch die Irrfahrt fasziniert weiter. Der prächtige Bildband »Odysseus lebt« führt auf den Spuren des Sagenhelden durch die Inselwelt der Ägäis (Verlag Frederking & Thaler, nur antiquarisch).

Meer, Fels und Macchia in immer neuen Kompositionen begegnet man auf dem Weg zur Arethusa-Quelle

Zur Arethusa-Quelle 34

Von Vathy weisen Schilder den 7 km langen Weg zur Arethusa-Quelle, wo der Rückkehrer Odysseus seinen treuen Schweinehirten Eumäos wiedergetroffen haben soll, der hier die Schweine seines Herrn tränkte. Deshalb ist der Ort in manchen Karten als Spilaion Eumaiou (Eumäos-Höhle) eingezeichnet. Der Weg führt an Olivenhainen und Feldern voller Weinreben vorbei. Am besten ist es, sich mit dem Taxi 5 km bis zur Riza-Höhle fahren zu lassen. Die verbleibenden knapp 2 km auf sandigem Weg schafft man gut zu Fuß. Die Quelle liegt als schmales Loch unter einem bemoosten Felsen. Viel Wasser spendet sie heute nicht mehr. Es reicht jedoch, um ein tief eingekerbtes Bachbett üppig grün zu halten. Ein Weg führt von der Quelle hinunter zu einem kleinen Kieselstrand.

*Kloster Kathara 35

Das Marienkloster Kathara ist das religiöse Zentrum der Insel. Es ist der Muttergottes (Panagia) geweiht, der Schutzpatronin Ithakas. Auf dem Platz neben dem Kloster beim Campanile hat man einen unvergleichlichen Blick auf die Bucht von Vathy, sieht in der Ferne die Nachbarinseln Kefalonia und Lefkada sowie das Festland. Das Kloster wurde 1703 auf einem Vorsprung des Neritosgebirges in 550 m Höhe gegründet. Im Zentrum eines Hofes liegt die Kirche, in der eine Marienikone besondere Verehrung genießt. Angeblich hat sie der Apostel Lukas gemalt. Bei einem Brand soll das Bild unversehrt mitten in der Asche gestanden haben. Im Kloster lebt nur noch ein Mönch, der zwischen 13 und 15 Uhr nicht gestört werden möchte. Ansonsten kann man, dezente Kleidung vorausgesetzt, die Kirche besuchen. Das Klosterfest wird an jedem 8. September von den Bewohnern des Dorfes Anogi organisiert, mit Musik, Volkstänzen und Speisen.

Echt gut.

*Stavros 36

Stavros ist das wichtigste Dorf im Inselnorden. Hat man den Ortseingang passiert, fällt die große Kreuzkuppelkirche **Sotiros** auf. Ihre ockerfarbenen Mauern bilden einen starken Kontrast zur leuchtend roten Kuppel. Das Panijiri (Heiligenfest) der Kirche am 5./6. August zieht alljährlich einige tausend Besucher an. **Auf der Platia feiern die Familien dann mit traditionellen Tänzen.**

Zahlreiche Fundstücke der bronzezeitlichen Siedlung im nahegelegenen Pelikata › S. 120 werden im ****Archäologischen Museum** von Stavros gezeigt. Unter den Exponaten befindet sich auch meisterlich gearbeitete korinthische Keramik aus dem 6. und 5. Jh. v. Chr.: Rot-schwarze Hühner, Löwen und Sonnensymbole schmücken sandfarbene Wandteller. Das Prunkstück des Museums ist die Scherbe einer tönernen Maske. Auf ihr sind die Worte *Efchin Odyssei,* was übersetzt so viel heißt wie »dem Odysseus geweiht«, eingraviert – zumindest für die Einwohner Ithakas gilt das als Beweis, dass nur ihre die Insel des homerischen Helden sein kann. (Tgl. außer Mo 8.30 bis 15 Uhr, Eintritt frei.)

Wanderung zu den Windmühlen

Stavros ist ein guter Ausgangspunkt für Wanderungen in die Berge und zu den Buchten Nordithakas. Die Umweltschutzorganisation Archipelagos › S. 119 pflegt

Lange schon hat der Windmühlenturm seine Flügel verloren

verschiedene Wanderwege, z.B. den vom nahen Dorf ****Exogi 37** hinauf zu den ehemaligen Windmühlen. Das halb verlassene Dorf mit seinen etwa 40 verbliebenen Einwohnern liegt 4 km nördlich von Stavros. Schon von fern leuchtet die blaue Kuppel der modernen Kirche **Agia Marina.**

Die Straße führt an der Kirche vorbei aus dem Dorf hinaus. Hinter dem Friedhof der Kirche Agios Nikolaos hat man eine schöne Aussicht auf die Bucht von Afales. Geht man die Straße noch weiter hinauf, überblickt man nach wenigen hundert Metern das ganze Dorf. Folgen Sie den roten Markierungen bis zu den kärglichen Überresten der Kapelle

Agios Andreas, kaum mehr als ein Rechteck halbhoher Mauern inmitten einer Wiese. Der Pfad endet an dem Windmühlenturm, der demjenigen, den Sie von der Kapelle aus sehen, gegenüberliegt. Der Ausblick von hier oben ist ein Genuss. Bei klarem Wetter erkennt man nicht nur die Nachbarinsel Kefalonia, sondern dort sogar das Fischerdorf Fiskardo.

Hotel

Spilia
Tel. 2 67 40/3 10 81
Vermietet werden 3 Apartments, familiär, traumhafter Blick. ●●

Restaurant

Polyphemus
Odos Anogis][**Tel. 2 67 40/3 17 94**
Das Gartenrestaurant unter Olivenbäumen, schräg gegenüber der Kirche, bietet typische Gerichte an, wie *Spetsofai* (hausgemachte Wurst in scharfer Soße mit Peperoni) oder das venezianische *Savoro* (mit Rosmarin, Knoblauch, Essig und Korinthen marinierter Fisch). Außerdem viele vegetarische Gerichte! ●

Pelikata 38

1 km nördlich von Stavros, in Pelikata, wurden die Reste einer bronzezeitlichen Siedlung entdeckt, die um das Jahr 2200 v. Chr. gegründet worden war. Die Fundstücke aus dieser Siedlung sind im Archäologischen Museum von Stavros ❯ S. 119 ausgestellt. Im schattigen Park an der Platia steht eine Odysseus-Büste samt Inschrift. Der streng dreinblickende König sieht auf die türkis schimmernde kleine **Polis-Bucht** hinab. Dort vertäuen ein paar Fischer ihre Kaikis, Weiden reichen bis zum – leider oft teerverschmutzten – Strand. Ganz in der Nähe wurden in einer Höhle, von mykenischer Zeit an eine Kultstätte, antike Keramik, Bronze-Dreifüße und die Maske mit der Odysseus-Widmung ❯ S. 119 gefunden. Die Dreifüße hielten einst Schüsseln für Wein, Öl und Lorbeerblätter; im Archäologischen Museum von Stavros sind einige davon ausgestellt.

Frikes 39

Das alte Fischerdorf Frikes verfügt über einen kleinen Fährhafen, von dem im Sommer Schiffe nach Lefkada abfahren. Das ganze Jahr hindurch gehen die Fischer hier seelenruhig ihrer Arbeit nach. Nur während der Sommersaison sorgen Touristen für lebhaften Betrieb in den Tavernen und Cafés. Wer möchte, kann ein Fahrrad mieten und in Richtung Kioni radeln. Ganz in der Nähe von Frikes lockt ein hübscher Kiesstrand an glasklarem Wasser.

Hotel

Nostos
Tel. 2 67 40/3 11 00
www.hotelnostos-ithaki.gr
Das familiär geführte Hotel mit Pool liegt nur 200 m vom Meer entfernt. Vermietet werden geräumige Zimmer mit Balkon; das Restaurant serviert ausgezeichnete griechische Hausmannskost. ●●

Ein zauberhafter Ort: Kioni im Nordosten Ithakas

*Kioni 40

Kioni, dessen Häuser die grünen Hänge einer malerischen Bucht säumen, lebt jeden Sommer auf, wenn emigrierte Inelbewohner aus Australien, Nordamerika oder Südafrika für ein paar Wochen zurückkehren. Im Dorf haben sie große Häuser im traditionellen Stil errichtet, im Hafen liegen Motorjachten vor Anker. Doch wer nicht gerade im Juli oder August nach Kioni kommt, findet einen stillen Ort vor. Im Hafen dümpeln die Kaikis, und die Windmühlentürme auf der ins Meer ragenden Landzunge stehen verlassen da.

Hotel

Eleni Apartments
Tel. 2 67 40/3 16 67
www.ionianislandholidays.com

2008 fertiggestellte Anlage mit 5 Apartments oberhalb der Bucht. Traumhafter Blick. ●●

*Anogi 41

Anogi liegt ziemlich einsam in einer Welt aus rotgrauen Steinblöcken. Unübersehbar erhebt sich mitten im Dorf die Panagia-Kirche, deren frei stehender Turm bei dem großen Erdbeben beschädigt worden war. Die ausgebesserte Turmspitze passt deshalb im Stil nicht mehr zu ihrem alten Sockel. Das Innere der im 17. Jh. errichteten Kirche ist mit Szenen aus dem Alten und Neuen Testament ausgeschmückt. Selbst die Ikonostase ist bunt bemalt mit Weinranken voller roter Trauben. Den Schlüssel erhält man nebenan im Kafenion.

Zakynthos

Nicht verpassen!

- Einen Abend auf der weiten Platia Solomou in Zakynthos-Stadt verbringen
- Den nächtlichen Blick von Bochali auf die funkelnden Lichter der Hauptstadt
- Ein erfrischendes, kühles Bad in der Schiffswrackbucht
- Bootsfahrt zu den atemberaubenden Blauen Grotten

Zur Orientierung

Zakynthos ist die südlichste Insel und nach Korfu die meistbesuchte des Ionischen Archipels. Zante nannten die Venezianer das Eiland (406 km², 35 000 Einw.) und reimten voll Bewunderung: »Zante, Fiore di Levante« – Zante, Blume des Ostens. Ihre Beliebtheit verdankt sie zu einem großen Teil den kilometerlangen flachen Stränden, die das Bild der Landschaft im Süden und Osten prägen. Turbulentes **Strandleben** findet man an der Ostküste in Orten wie Planos, Ampoula und Alikanas, v.a. aber im Süden bei Laganas – sehr zum Leidwesen der vom Aussterben bedrohten Meeresschildkröten *Caretta caretta*, die hier seit Jahrhunderten im Sommer ihre Eier in den warmen Sand legen. Die Badeorte der Skopos-Halbinsel sind kleiner, Individualisten werden auch von Limni Keriou begeistert sein, wo man Herodots Pechquelle aufsuchen kann.

Atemberaubend ist eine Bootsfahrt rund um die Insel. Im Norden und Nordwesten steigen die hellen Felswände bis zu 200 m senkrecht aus dem Meer empor. Im Westen liegt eine besondere Attraktion: die **Sandbucht** mit dem eingesunkenen und inzwischen stark verrosteten **Schiffswrack**, wo man im Rahmen des

Berühmt: die Schiffswrackbucht von Zakynthos

Das fruchtbare Hinterland

Bootsausflugs auch baden kann. Und im Nordosten locken die **Blauen Grotten** mit ihrem fantastischen Lichterspiel.

Zakynthos-Stadt besticht mit ihrem italienischen Flair. Die Hafenbucht bildet einen großen, nach Osten offenen Halbkreis, über dem im Ortsteil Bochali die Festung der Venezianer ruht. Ein stimmungsvolles Fotomotiv ist hier am Abend der Blick auf die beleuchtete Stadt mit ihren Tausenden von Lichtern.

Dem fruchtbaren Hinterland von Zakynthos-Stadt folgt nach Westen und Norden das Bergmassiv des Vrachionas (756 m). In Orten wie Keri, Exo Chora und Volimes kann man eintauchen in das einfache Leben der Landbevölkerung.

Touren in der Region

Dörfer, Klöster und ein Wrack

Dauer: Halbtagstour, mit Bad in der Schiffswrackbucht Tagestour, ca. 85 km
Praktische Hinweise: Diese Tour sollten Sie mit dem Wagen unternehmen. Alternativ dazu kann man sich einer von der KTEL organisierten Rundfahrt anschließen. Infos am ZOB in Zakynthos-Stadt. Wer eine Bootsfahrt zur Schiffswrackbucht plant, sollte Badesachen nicht vergessen. Im kristallklaren Wasser vor der Kulisse der hellen Berge ist das Baden ein ganz besonderes Vergnügen.

Man verlässt ***Zakynthos-Stadt** › S. 128 am südlichen Ortsausgang. Geradeaus führt die Straße zu den Badeorten der Skopos-Halbinsel. Sie biegen jedoch bei der kleinen Brücke rechts ab und halten sich weiterhin rechts (nicht zum Flughafen). Auf diesem Weg gelangt man nach ***Macherado** › S. 136 mit der beeindruckenden Anlage des Marienklosters (Panagia Eleftherotria). Im Ort stößt

man auf die Nord-Süd-Straße, auf die man links Richtung Süden einbiegt, und zwar bis ins gemütliche und wenig touristische **Lithakia**, wo u.a. eine Ölmühle zu besichtigen ist. Setzen Sie sich in eines der Kafenia und genießen Sie die dörfliche Atmosphäre.

Von hier geht es Richtung Westen, über **Kiliomenos** nach **Agios Leon**. In 3 km Entfernung liegt an der Küste der kleine Ort **Kampi**, der mit seiner schönen Aussicht insbesondere am Abend wirbt. Das riesige Kreuz soll an die Opfer des Zweiten Weltkriegs und des Bürgerkriegs 1945–1949 erinnern. Wer diesen Umweg macht, kommt bei **Exo Chora** wieder auf die Hauptstraße. Über **Maries** geht es nach **Anafonitria** › S. 137 zum schönsten Fotoblick dieser Tour, der ****Schiffswrackbucht** › S. 137. Wer nur von der Plattform 100 m oberhalb des Meeres einen Blick hinunterwerfen will, fährt am Kloster ***Agiou Georgiou Krimnon** › S. 137 vorbei Richtung Küste, vom Parkplatz aus ist es noch ein Stück Fußweg. Wer die Bucht besuchen will, muss zum Küstenort **Vromi** abbiegen. Von hier fahren kleine Fischerboote, sobald genügend Passagiere da sind, zur Bucht. Ein unvergessliches Erlebnis!

Den Rückweg tritt man von Anafonitria an, indem man quer durch die Insel Richtung Osten fährt. Sobald man die Küste vor sich sieht, geht es rechts ab nach Süden bis **Katastari** › S. 138, wo das Kloster Ioannis tou Prodromou (Johannes der Täufer) einen

Ein beliebtes Ausflugsziel: das Marienkloster Macherado

Stopp lohnt. Drei Wege führen jetzt zur Hauptstadt. Man sollte den mittleren wählen und damit noch Zeit gewinnen, um sich in einem der Binnendörfer umzusehen, in **Agios Dimitrios** oder **Agios Kirikos,** wo das Leben seinen ruhigen Gang geht, bevor man nach Zakynthos-Stadt zurückkehrt.

Ein blaues Wunder erleben

⟶⑭ **Zakynthos-Stadt** ›
Gerakari › **Alikes** › **Katastari** ›
Skinari/Agios Nikolaos ›
Blaue Grotten › **Gerakari** ›
Psarou › **Planos** › **Tsilivi** ›
Zakynthos-Stadt

Dauer: Tagestour, ca. 85 km
Praktische Hinweise: Diese Tour sollte man mit dem PKW unternehmen. Die Boote zur Grotte fahren etwa stündlich. Baden kann man an der Grotte

nicht. Doch im Anschluss laden kleine Strände bei Agios Nikolaos und in der Umgebung zum Sprung ins kühlende Nass ein.

Man verlässt ***Zakynthos-Stadt** › S. 128 über den Hügel Bochali, der die Festung trägt, und fährt Richtung Norden. In **Gerakari** biegt man ab ins sehr touristische **Alikes** › S. 133 an der Küste. Von Alikes wendet man sich landeinwärts und gelangt nach **Katastari** › S. 138. Rechts geht es weiter Richtung Norden, immer an der Küste entlang, bis die Bucht von **Skinari/Agios Nikolaos** erreicht ist. Vor der Küste liegt das unbewohnte Inselchen gleichen Namens. Im Hafen von Agios Nikolaos liegen Ausflugsboote vor Anker, mit denen man die Tour zu den ***Blauen Grotten** › S. 133 unternehmen kann. Das in die Höhlen einfallende Sonnenlicht zaubert fantastische Wasserspiele in allen Blautönen aufs Meer.

Wieder an Land, sollte man oberhalb des Bootsanlegers in die nette Taverne am Campingplatz einkehren und sich dort stärken.

Dann fährt man auf dem gleichen Weg zurück bis **Gerakari** und gelangt bei **Psarou** wieder zur Küste. Ein Badeort reiht sich

nun an den anderen, so dass man sich umschauen sollte, welcher Strand einem gefällt – entweder für einen späteren Besuch oder für ein Bad jetzt. Die Orte **Planos** ❯ S. 132 und **Tsilivi** ❯ S. 132 sind zusammengewachsen. Die Straße führt zum Kap Krioneri, wo man bereits fast die Stadtgrenze von Zakynthos erreicht hat.

Caretta und die Pechquelle

**—⑮— Zakynthos-Stadt ›
Kalamaki › Laganas › Limni
Keriou › Keri › Agalas › Kilio-
menos › Macherado ›
Zakynthos-Stadt**

Dauer: Halbtagestour,
ca. 60 km
Praktische Hinweise: Diese
Tour sollte man am besten mit
dem Wagen unternehmen. Bis
Limni Keriou, wo man wun-
derbar baden und essen kann,
fährt alternativ auch der öf-
fentliche Bus. Hier herrscht
auch im Sommer wesentlich
mehr Beschaulichkeit als in
den Hochburgen des Tourismus.

Man verlässt ***Zakynthos-Stadt**
› S. 128 am südlichen Ortsausgang bei der kleinen Brücke und
biegt links Richtung Flughafen
ein. Den Airport lässt man rechts
liegen und gelangt nach **Kalamaki,** dem etwas ruhigeren Ort an
der Südküste der Insel. Parallel
zum Strand führt die Straße nach
Laganas › S. 135, dem absoluten
Touristenzentrum der Region.
Vor jeder Reiseagentur wird Wer-
bung für Bootsfahrten zu den
Schildkröten gemacht. Wer sich
den Rummel am Strand ansieht,
bekommt Zweifel, ob es hier über-
haupt noch Exemplare der Caretta caretta › S. 134 gibt. Der früher
oft zu lesende Spruch »Turtle or
money back« ist jedenfalls längst
verschwunden. Und im Sinne des
Tierschutzes sollte man ohnehin
von solchen Bootstouren Abstand
nehmen.

Zur Hauptstraße zurückge-
kehrt, geht es weiter Richtung Süden, über Lithakia in das nette
Hafenörtchen ***Limni Keriou**
› S. 135. Vor dem Hafen weisen
Schilder zur **Quelle des Herodot**
› S. 135, wo bereits im Altertum
Erdpech gewonnen wurde. Am
Strand von Limni Keriou kann
man gut zu Mittag essen, bevor
man weiterfährt ins beschauliche
*Keri › S. 136 mit der sehenswerten Kirche der Panagia Keriotissa,
und dann auf landschaftlich reiz-
vollen Nebenstrecken nach **Agalas** und **Kiliomenos.** Weiter geht
die Fahrt durch die Inselmitte
nach ***Macherado** › S. 136 mit
den von Weitem sichtbaren Tür-
men der Dorfkirche und des
Klosters. Schließlich kehrt man
auf der Hauptstraße zurück nach
Zakynthos-Stadt.

Zakynthos-Stadt

Unterwegs auf Zakynthos

11 *Zakynthos-Stadt 1

Der schlanke Campanile am Hafen ist das Wahrzeichen von Zakynthos-Stadt, dessen zweigeschossige, gelbe und weiße Häuser sich vom Meer die angrenzenden Hügel hinaufziehen. Typisch sind die venezianisch wirkenden Arkaden und die engen Gassen hinter dem Hafen, dazu die Plätze mit Blumenbeeten, Denkmälern und Straßencafés. Vieles, was original erscheint, ist allerdings rekonstruiert. Das heftige Erdbeben und das daraus resultierende Feuer hatten die Stadt 1953 in Schutt und Asche gelegt. Die geretteten Kunstschätze sind heute in den Kirchen und Museen von Zakynthos-Stadt zu besichtigen.

Vom Kloster *Agios Dionisios zur *Platia Solomou

Ausgangspunkt eines Bummels ist das Kloster ***Agios Dionisios** (17. Jh.), dessen Campanile dem Glockenturm von San Marco in Venedig auf verblüffende Weise ähnelt. Die Kirche aus dem Jahr 1948 hat das Erdbeben überstanden. Das schreibt die Gemeinde dem Inselheiligen zu, dessen Namen viele Männer auf Zakynthos tragen. Dionisios (1547–1622) wirkte als Mönch und Bischof nicht nur auf Zakynthos, sondern auch auf den Inseln Ägina und Kefalonia. Seine sterblichen Überreste sind in der Kapelle hinter der Altarwand aufgebahrt. Täglich knien die Gläubigen am silbernen Sarkophag nieder, um die Glasplatte über den Gebeinen des Heiligen zu küssen. **Verschiedene Gemälde erzählen von den Wundertaten des Dionisios.**

Vom Kloster führt der Weg nach Norden entlang der Hafenpromenade. Früher liefen die Leute an dieser **Strada Marina** zusammen, wenn das Postschiff aus Piräus eintraf, und verkauften den Passagieren süßes *Mandolata,* Nougat mit Mandeln und Honig, das auch heute noch in der Stadt angeboten wird. Die Strada Marina ist inzwischen eine allzeit bevölkerte Touristenmeile. Morgens verkaufen die Fischer an der Ufermauer ihren Fang der letzten Nacht.

An der *Platia Solomou

Der 1,5 km lange Boulevard endet am Platz mit der Statue des aus Zakynthos stammenden Nationaldichters Dionisios Solomos (1798–1857), um die sich etliche herrschaftliche Bauten gruppieren. Dionisios Solomos ist auch der Dichter der griechischen Nationalhymne, die Musik dazu stammt von Nikolaos Matzaros (1795–1872) aus Korfu.

Die ionischen Künste kann man unter den schattigen Arka-

Echt gut.

den der **Bibliothek** voll auf sich wirken lassen. Nebenan duckt sich hinter einer Palme eine kleine venezianische Kirche: ***Agios Nikolaos tou Molou** gehörte den Seeleuten, die seit dem Jahr 1560 ihren Schutzpatron und Retter verehrten. Jede Zunft hatte damals ihre eigene Kirche. Daran, dass hier auch der hl. Dionisios die Messe las, erinnert eines seiner Gewänder, das in dem kleinen Gotteshaus aufbewahrt wird.

Hauptattraktion am Platz ist jedoch das ****Byzantinische Museum.** Die wertvollste Sammlung von Ikonen, Altartüren und Freskenwänden von Zakynthos bietet die einmalige Gelegenheit, die Entwicklung der ionischen Malerei zu verfolgen. Schon im ersten Saal des Museums fesseln zwei bis an die Decke reichende Ikonostasen die Aufmerksamkeit. Sie tragen Ikonen, die bei genauem Hinsehen den Einfluss westlicher Malerei auf die orthodoxe Malweise erkennen lassen. Der Meister der Kretischen Schule, Michael Damaskenos, hat für die Ikonostase der Agios-Dimitrios-Kirche von 1690 Christus als goldglänzenden Pantokrator, d. h. Weltenherrscher, gemalt: Die ganze Körperhaltung der Figur sowie der Fluss der Falten des Gewandes sind natürlicher dargestellt als in der byzantinischen Malerei. Im Obergeschoss sind die Wandmalereien von Agios Andreas aus dem 17. Jh. so ausgestellt, dass man den Eindruck gewinnt, in der Kirche selbst zu stehen. Der Freskenzyklus in zarten Ocker-

Die Kirche von Agios Dionisios

und Rotbrauntönen zeigt die byzantinischen Heiligen noch in der herkömmlichen starren Haltung mit maskenhaften Gesichtern. Welch einen Gegensatz dazu bildet die Ikone »Ecce Homo« von 1732: Nikolaos Kallergis stellte Christus darauf als gequälten Menschen dar. Beim Rundgang wird der Unterschied zwischen herkömmlichem und neuem Stil immer deutlicher. Die Ikonen aus der Schule des Nikolaos Kantounis schließlich tragen kaum noch Merkmale byzantinischer Kunst: Die »Auferstehung«, 1834 entstanden, könnte mit ihrer detaillierten Darstellung des Körpers auch in jeder westlichen Kirche hängen. (Tgl. außer Mo 8.30 bis 15 Uhr.)

Treffpunkt: Platia Agiou Markou mit dem Solomos-Museum

Rund um die Platia Agiou Markou

Über die Platia Solomou sind es nur ein paar Schritte zum nächsten Platz, der hübschen Platia Agiou Markou. Gegenüber der katholischen Kirche und dem *Solomos-Museum laden Cafés, die zu einer Kaffepause ein. Im Erdgeschoss des Museums ruhen die sterblichen Überreste der Schriftsteller Solomos und Andreas Kalvos in marmornen Sarkophagen. Das obere Stockwerk gleicht einem Antiquariat: Originalmanuskripte, Möbel und Porträts von Solomos, Kalvos sowie anderen Intellektuellen.

Wer zur vollen Stunde »Big Ben« schlagen hört, hat sich nicht getäuscht. Es sind die Glocken der nahen **Mitropolis,** der orthodoxen Kathedrale. Dort kann man nach dem Schlüssel zur Kirche *Kiria ton Angelon (»Unsere liebe Frau von den Engeln«) fragen, die nur zwei Straßen weit entfernt steht. Diese Kirche von 1687 wurde nach dem Erdbeben originalgetreu rekonstruiert. Die prächtige Altarwand, ein Werk kretischer Künstler, ziert eine silberbeschlagene Marienikone von Panajotis Doxaras.

Auf dem Weg nach Bochali › S. 131 trifft man nach 2 km auf das **Schifffahrtsmuseum** der Ionischen Inseln. Außer Schiffsmodellen sind hier auch Uniformen, Logbücher, Karten, Orden und Bilder ausgestellt. (Tgl. 9–14, 18 bis 21.30 Uhr.)

Info

Touristenpolizei
Konst. Lombardou 62
(Strada Marina)
Tel. 2 69 50/2 44 84

Verkehr

■ **Flugverbindung:** Tgl. Athen; Flughafen 6 km südl. Richtung Laganas.

■ **Busverbindungen:** Die neue Bus-
zentrale befindet sich links neben dem
Krankenhaus am Hügel; von hier u. a.
nach Alikes, Volimes, Skinari/Ag. Nikolaos, Argassi, Laganas, Patras, Athen.
Im Sommer stdl. Busverbindungen zu
den Badeorten. Der Bus hält jedoch
auch an der Uferstraße.

■ **Fährverbindungen:** Nach Killini
(Peloponnes), Kefalonia.

Hotels

■ **Diana**
Mitropoleos 2][**Pl. Ag. Markou**
Tel. 2 69 50/2 30 70
www.dianahotels.gr
Direkt am Markusplatz, 50 **mit traditi-**
onellen Holzmöbeln ausgestattete
Zimmer. Leseraum mit Billardtisch, ab
der 3. Etage genießt man den Meeresblick. ●●

Echt gut!

■ **Phoenix**
Platia Solomou 2
Tel 2 69 50/4 24 19
www.zantephoenix.gr
Kürzlich renoviertes, **modernes Haus**
am schönsten Platz der Stadt, 35
Zimmer mit Balkon, teilweise Blick zum
Hafen, Frühstücksterrasse mit Blick
aufs Meer. Es gibt zudem noch eine
Dependance im Seebad Tsilivi (Tel.
2 69 50/2 24 83). ●●

Echt gut!

Camping

■ **Zante**
Tel. 2 69 50/6 17 10
www.zantecamping.gr
Im Olivenhain am Strand, 6 km
nördlich bei Tragaki.

■ **Laganas**
Agios Sostis][**Tel. 2 69 50/5 17 08**
Fax 2 69 50/5 22 84
Schwimmbad und Spielplatz, 8 km
südlich bei Laganas.

Restaurants

■ **Komis Fish Tavern**
Tel. 2 69 50/2 69 15
www.komis-tavern.gr
Vorzügliches Seafood am Hafen. ●●

■ **Stou Zisi**
Platia Dimokratias 3
Serviert werden hervorragende Fleisch-
gerichte, und **die Salate sind einfach**
ein Gedicht. Am besten nimmt man
die frischen Tagesgerichte, die der Wirt
empfiehlt. ●●

Echt gut!

■ **Kokkinos Vrachos**
Platia Solomou
Elegantes Café bei der Kirche. Sehens-
wert! ●

Nightlife

Arekia
An der Uferstraße Dionisiou Roma
(Richtung Krioneri)
Tel. 2 69 50/2 63 46
Serviert wird griechische Küche; wenn
hier ab 22 Uhr Cantades, die volkstüm-
lichen Gesänge, gesungen werden, ist
auch der letzte Platz besetzt. ●

Ausflüge von Zakynthos-Stadt

Nach Bochali und zum *Strani-Hügel

Insbesondere am frühen Abend
lohnt sich ein Abstecher zu Fuß
(1 Std.), per Taxi oder mit dem
kleinen Zug auf Gummireifen (ab
Platia Solomou) nach **Bochali**
oberhalb der Stadt, wo sich die
***venezianische Festung** befindet.
Von hier oben bietet sich ein
atemberaubender Blick auf die
beleuchtete Hauptstadt. Die
Burg kann man durchstreifen, der

Echt gut!

Blick schweift nach Westen über die Ebene, nach Süden zum Flughafen. (Juli/Aug. 8–20, Mai, Juni, Sept. 8–19, sonst 8–14.30 Uhr)

An der Abzweigung von der Hauptstraße nach Bochali ist nach rechts der Weg zum **Strani-Hügel** (Lofos Strani) ausgeschildert. Im Park erinnert zwischen Oleander, Oliven und Kermeseichen die Büste von Dionisios Solomos daran, dass der Dichter hier seinen Lieblingsplatz hatte. Hier schrieb er im Mai 1823 seine berühmte Ode an die Freiheit, der die Nationalhymne entnommen ist.

Hymne an die Freiheit

Ja, ich kenn dich an der Klinge
Deines Schwerts so scharf und blank,
Wie auf diesem Erdenringe,
Schreitet dein gewalt'ger Gang.

Die du aus der Griechen Knochen
Wutentbrannt entsprossen bist,
Die das Sklavenjoch zerbrochen,
Holde Freiheit, sei gegrüßt.

Ja, darin hast du gehauset,
Trauernd und mit scheuem Blick,
Hast geharrt, dass einst erbrauset
Dir der Ruf: O komm zurück!

Aber dies hat lang gedauert;
alles war als wie erstickt,
alles hat vor Furcht geschauert,
von der Sklaverei erdrückt.

Dieser Text von Dionisios Solomos ist heute die griechische Nationalhymne.

Inselrundfahrt mit dem Schiff

Morgens um 9 Uhr startet der Ausflugsdampfer vom nördlichen Anleger in der Stadt zu einer Tagestour rund um die Insel (Preis: 50 €). Die Fahrt geht nach Norden, an den ****Blauen Grotten** ⟩ S. 133 vorbei, die natürlich mit diesem Schiff nicht befahren werden können. Spektakulär ist der Anblick der Kreidefelsen im Norden und an der Nordwestküste der Insel. Höhepunkt der Tour aber bildet die ****Schiffswrackbucht** ⟩ S. 137. Hier dürfen die Gäste aussteigen, ein Bad im kristallklaren Wasser und die Küste mit den überhängenden Felsen genießen. Am Südende der Insel wird Ausschau nach den großen Meeresschildkröten gehalten. Hat ein Boot ein Exemplar der Caretta caretta entdeckt, nehmen auch die anderen Boote Kurs auf das arme Tier, das von Dutzenden von Fotoapparaten ins Visier genommen und von allen Booten umrundet wird. Gegen 17.30 Uhr ist das Schiff wieder im Hafen, wo die Hotelbusse warten.

Echt gut!

Strände nördlich der Hauptstadt

Entlang des Küstenabschnitts zwischen Planos und Alikes liegen viele beliebte und auch belebte Badestrände. Feinsandige und flache Strände machen das Gebiet um **Tsilivi** 2 und **Planos** 3 ideal für Urlaub mit Kindern. Aber auch Wassersport wird betrieben. Für die Sportler sind Stege über die seichten Uferzonen gebaut, so

Kleine Ausflugsboote bringen einen zu den Blauen Grotten

dass sie schneller ins tiefe Wasser kommen. Häufig weht hier ein leichter Nordwind, der die Sommertemperaturen mildert.

Nach Norden schließen sich die Strände von **Ampoula** 4 und **Kipseli** 5 an, über feinen Kieseln stehen Liegen. Hier weht die Blaue Flagge, Zeichen für beste Wasserqualität.

Weitere Bademöglichkeiten gibt es bei **Psarou** 6 und **Alikanas** 7. Letzterer Ort ist fast völlig in der Hand britischer Pauschalurlauber, während **Alikes** 8 mit seinem breiten Sandstrand von zahlreichen Individualreisenden aus ganz Europa geprägt ist.

Von Alikes startet ein Trainaki, ein kleiner Zug auf Gummirädern, zu einer etwa zweistündigen Fahrt ins Hinterland (10 €/ Erw.). Ziele sind die Bergdörfer **Katastari** › S. 138 und **Pigadaki** 9. Hier kann man ein Volkskundemuseum besuchen und die

Kapelle am Dorfplatz. Sie stellt etwas Besonderes dar: Unter dem Altar entspringt eine kleine Quelle. Den Gläubigen gilt ihr Wasser, das angeblich Wunder bewirken soll, als heilig.

Die **Blauen Grotten 10

Ein fantastisches Naturschauspiel bietet sich in der Nähe vom Kap Skinari. Mit kleinen Booten tuckert man ab Agios Nikolaos (oder vom Leuchtturm in Skinari) zu den Ende des 19. Jhs. entdeckten Blauen Grotten, den bogenförmigen Felsdurchbrüchen an der Steilküste. Auf verblüffende Weise ähneln sie den Blauen Grotten von Capri. Meer und Tageslicht erzeugen hier **überwältigend schöne Farbspiele.** Der Meeresgrund schimmert dabei in den unterschiedlichsten Blau-

Rettung der Caretta?

Eine unechte Karettschildkröte nähert sich zielstrebig der Bucht von Laganas, um am Strand ihre Eier abzulegen. Jedes Jahr zwischen Juni und September kommen die Weibchen hierher. Die Caretta caretta streckt ihren Kopf aus dem Wasser und erschrickt: Hotels und Tavernen überall, nur ein schmaler Streifen Strand bleibt, doch der ist voller Touristen. Die Schildkröte ergreift die Flucht und kehrt nachts zurück. Vergeblich sucht sie nach einem ruhigen, dunklen Plätzchen. Grelles Neonlicht erleuchtet den Strand, aus den Kneipen dringen Grölen und laute Musik. Etwas abseits findet sie schließlich ein Fleckchen. Mühsam schleppt sich das 100 kg schwere Tier über den Sand und gräbt mit den Flossen eine Grube, in die es 100 weiße tischtennisballgroße Eier ablegt. Dann schaufelt es das Nest wieder zu und kehrt zurück ins Meer. Wenn die jungen Carettas nach 50 bis 60 Tagen im warmen Sand vorzugsweise nachts schlüpfen, richten sich die 5 cm kleinen Tierchen nach dem Lichtschimmer überm Meer. Aber die Lampen der Hotels und Tavernen leiten sie in die Irre: Sobald die Sonne aufgeht, vertrocknen sie oder werden von Möwen und Hunden gefressen. Der Massentourismus bedroht den Fortbestand der Meeres-schildkröten. Wenn die Urlauber mithelfen, hat Caretta caretta vielleicht noch eine Chance: Die Brutstrände dürfen von Sonnenuntergang bis -aufgang nicht betreten werden. Wer mit Fahrzeugen auf dem Strand umherfährt, Sandburgen baut oder Sonnenschirme in den Sand steckt, zerstört die Nistplätze. Auf Wassersport sollte man ebenfalls verzichten. Ermutigen Sie die Besitzer von Hotels, Pensionen, Tavernen und Strandbars, ihre Beleuchtung abzuschirmen und die Musik leiser zu drehen. Und tragen Sie auf keinen Fall die frisch geschlüpften Schildkröten ins Meer, denn die ersten Schritte sind für ihre Ent-wicklung lebensnotwendig! Sie müssen sich als Erwachsene an ihren Geburts-ort erinnern, denn nur dort werden sie ihre Eier ablegen.

Info: **Meeresnationalpark Zakynthos,** Argassi Community Office, Argassi; Zakynthos-Stadt, Platia Solomou (Infobüro mit Videos, Mai–Sept.), Tel. 2 69 50/ 2 98 70, www.nmp-zak.org

und Violetttönen. Nahezu magisch erscheint es, wenn man auf Anweisung des Bootsführers an einer bestimmten Stelle die Hand ins Wasser streckt: Sie erscheint einem in den Blautönen geradezu unwirklich. Machen Sie die Bootstour am Vormittag, wenn die Sonne im Osten für perfekte Lichtverhältnisse sorgt. Wichtig ist auch, dass man einen klaren Tag erwischt. Denn nur dann entfalten die Lichtspiele ihren ganzen Zauber. Den Fotoapparat nicht vergessen!

Halbinsel Skopos

Südlich der Hauptstadt schließt sich die Halbinsel Skopos an, benannt nach dem Berg Skopos (492 m). **Argassi** 11 heißt der erste große Badeort mit seinen recht schmalen Stränden, 4 km südlich von Zakynthos-Stadt. Bis hierhin besteht häufige Busverbindung. Einige Busse fahren weiter in den Süden bis **Vassilikos** 12. Die Küstenstraße umkurvt die mit Zypressen, Pinien und Macchia bewachsenen Abhänge des Skopos. Holprige Stichstraßen führen zu den Sandstränden von **Porto Zoro** 13, **Agios Nikolaos** 14 und **Porto Roma** 15. Hier ist mehr Platz als im geschäftigen Argassi.

Laganas 16 und Kalamaki 17

Laganas ist ein reiner Sommerort, hauptsächlich für Pauschaltouristen. Bars, Diskos, Geschäfte

und Imbissstuben bestimmen das Bild der Straßen, die alle zum Wasser führen. Schuld ist der kilometerlange schöne gelbe Sandstrand, einer der längsten Griechenlands, an dem im Sommer reihenweise Liegestühle aufgestellt sind. Wo früher einzelne Häuser zwischen Olivenbäumen standen, sind Hotels aller Größen und Kategorien errichtet worden.

Noch geht es im zweiten Touristenzentrum an der Laganas-Bucht etwas ruhiger zu. Aber auch in **Kalamaki** ist die Entwicklung in den letzten Jahre stürmisch verlaufen. Die Gegend war jahrhundertelang das Brutgebiet der Meeresschildkröten. Ob die Tiere noch eine Überlebenschance haben, bezweifeln viele Naturschützer (› Exkurs links).

Halbinsel Keri

Berühmt ist der kleine Ferienort *Limni Keriou 18. Hier wurde nämlich seit der Antike Pech gewonnen, das in mehreren Quellen aus der Erde trat. Eine Quelle ist noch vorhanden. Kurz bevor die Straße auf die Hafenpromenade stößt, weist links ein Schild zu **Herodot's Springs,** zu den Quellen des Herodot, der sie erwähnt. Ein kleiner Fußweg führt aufs Gelände, wo sich die mit einem Steinkranz eingefasste Quelle befindet. Wer die Probe aufs Exempel machen will, kann mit einem Stock im schwarzen Grund unter klarem Wasser stochern und hat dann ganz sicher Pech am Stecken. Von Limni Keriou werden

Spektakulär: die weißen Felswände am Kap Keri

zudem Bootsausflüge zu den Grotten von Keri angeboten.

Das Dorf *Keri 19 ist noch ruhiger als Limni Keriou. In der Nähe des Dorfplatzes erhebt sich die Kirche der Panagia Keriotissa. Hat die Muttergottes (Panagia) in einem Ort ein besonderes Wunder bewirkt, wird ihr zur Verehrung der Ortsname angehängt. Legenden zufolge vereitelte sie in Keri einen Angriff von Piraten, die den Hang hinauf auf den Ort zustürmten. Da schob sich plötzlich eine dichte Nebelwand zwischen Meer und Insel, so dass die Piraten fürchteten, den Weg zum Schiff nicht mehr zu finden und umkehrten. In der Kirche ist die filigran geschnitzte Ikonenwand sehenswert. Schön ist von hier der Sonnenuntergang, und wer spazieren gehen will, kann zum 1,5 km entfernten Leuchtturm wandern. Unterwegs steht man vor dem Abgrund: **Senkrecht stürzen die weißen Felswände über 100 m hinunter ins Meer.**

Echt gut!

Restaurants

■ **La Bruschetta**

Limni Keriou][**Tel. 2 69 50/2 81 28** Der Italiener ist für seine Pasta und Pizza berühmt. ●●

■ **To Fanari**

Taverne mit grandioser Aussicht, ca. 150 m vor dem Leuchtturm. ●●

*Macherado 20

Schon von Weitem erblickt man die Kirchtürme von Macherado. Früher war die 400 Jahre alte Kirche **Agia Mavra** Ziel zahreicher Pilger. Doch das Gotteshaus, in dem sich wertvolle Kunstschätze befanden, brannte am 8. Dezember 2005 am hellichten Tag ab, die Ikone der Heiligen sowie die goldverzierte Ikonostase wurden Opfer des Flammenmeeres. Zwar feiert die Bevölkerung noch immer den 3. Mai als Kirchweihfest und sammelt zugleich Geld für den Wiederaufbau, doch die alte Pracht der Kirche ist dahin. Zum Kirchenfest wird inzwischen eine neue Ikone in der Prozession durch den Ort getragen. Währenddessen backen die Bewohner am Straßenrand süßes *Futura,* Grieß mit Zimtzucker, und feiern bis spät in die Nacht.

Einen Besuch wert ist das erst im Jahr 1961 gegründete **Kloster der Panagia Eleftherotria.** Dicke Mauern schirmen die Nonnen von der Außenwelt ab. Die völlig ausgemalte Kirche kann jedoch besichtigt werden. (Tgl. 8–12, 16 bis 19.30 Uhr.)

*Volimes 21

Zentrum des rauen, dünn besiedelten Nordens ist Volimes. Der Ort besteht aus mehreren Teilen: Ano, Kato und Meso Volimes. Die Touristenbusse legen allesamt hier einen Shopping-Stopp ein, überall werden Handarbeiten angeboten, außerdem Honig, Käse und Wein. Eine gute Gelegenheit, hübsche Tischdecken und passende Servietten zu erstehen oder in den Tavernen »Kamia« oder »Sava« die deftigen Gerichte zu verkosten (beide ●).

Anafonitria 22

Interessante Ziele in unmittelbarer Umgebung locken zahlreiche Besucher nach Anafonitria. Dazu zählt das 1 km westlich gelegene, unbewohnte Kloster der ***Panagia Anafonitria** aus dem 15. Jh., das gegen Seeräuber gewappnet war. Der Glockenturm ist mit Pechnasen ausgestattet. Die Insulaner kommen hierher, weil ihr

Schutzpatron Dionisios hier seine letzten Lebensjahre verbrachte. Ein wahrer Christ. Man erzählt, er sei eines Nachts aus dem Schlaf getrommelt worden. Ein wegen Mordes Gesuchter stand vor der Tür. Dionisios glaubte ihm seine Reue und verhalf ihm zur Flucht nach Kefalonia – bis heute behaupten die Bewohner, der Heilige habe dem Mörder seines eigenen Bruders verziehen. Ein Wegweiser im Dorf führt zu einem zweiten Kloster, ***Agiou Georgiou Kremnon.** Der festungsartige, unbewohnte Bau ist im Sommer tagsüber meist geöffnet.

12 ** Die Schiffswrackbucht 23

Beim Kloster Agiou Georgiou Kremnon in Anafonitria zweigt eine Straße zur Küste ab, die nach gut 1 km bei einer Plattform endet. Von hier hat man den grandiosen Blick in die Bucht mit dem Schiffswrack, **das berühmteste Postkartenmotiv der Insel.** Erreichen kann man die Bucht nur mit dem Boot › S. 132. Niemand weiß genau, wie das Schiffswrack hierher kam. Am wahrscheinlichsten ist diese Version: Im Winter 1980 fuhr ein Kapitän mit griechischen und italienischen Matrosen den Dampfer »Panagiotis« voll mit geschmuggelten Zigaretten Richtung Italien. An der Westküste von Zakynthos wurde das Schiff vom Zoll verfolgt, der Wind von der Sache bekommen

Echt gut!

Ein populäres Zakynthos-Fotomotiv: die Schiffswrackbucht

Echt gut! Die schönsten Strände

■ Gleich zwei herrliche Strände gibt es in Paleokastritsa auf **Korfu** ❯ S. 65. Noch schöner ist es, mit dem Boot in abgelegene Buchten zu fahren, bis hin nach **Mirtiotissa**. ❯ S. 65
■ Ein Panorama für Genießer bildet die abgelegene Felsenbucht von **Porto Katsiki** am Südzipfel von **Lefkada**. Über 1500 m Länge führt ein Serpentinenweg zum kühlen Nass. ❯ S. 85
■ Blendend weiß unter steilen Felsen liegt der Postkartenstrand von **Mirtos** im Norden von **Kefalonia**. ❯ S. 104
■ Berühmtheit hat die **Schiffswrackbucht auf Zakynthos** erlangt. Schwindelregend ist der Blick von oben auf die malerische Bucht, erfrischend das Bad vor dem Wrack, das man nur per Boot erreicht. ❯ S. 137

hatte. Die Besatzung warf die Ladung über Bord und versuchte, sich mit Rettungsbooten in Sicherheit zu bringen. Führerlos trieb das Schiff in die Bucht, wo es strandete und liegen blieb. Inzwischen ist es auseinandergebrochen und ziemlich verrostet. Die Besatzung wurde gefasst, der Reeder aus Kefalonia wanderte ins Gefängnis, nur der Kapitän konnte fliehen. Angeblich lebt er heute in Belgien. Einheimische schlagen scherzhaft vor, ihm eine Ehrenbürgerwürde zu verleihen. Denn immerhin hat der Kapitän den Tourismus in der Gegend so richtig angekurbelt.

Katastari 24

Das größte Dorf von Zakynthos liegt am Hang des Vrachionas. Vom Dorf aus überblickt man die ganze Küstenebene von Alikes. 2 km hinter dem Ort, Richtung Volimes, biegt ein Feldweg hinauf zum Kloster **Ioannis tou Prodromou** (Johannes der Täufer) ab. Zu den Kunstschätzen des Klosters gehört eine Ikone mit der Enthauptung des Johannes, vor Dionisios Schutzpatron der Insel.

Hotel

Archontiko Maisonettes
Tel. 2 69 50/8 30 35
www.archontiko-maisonettes.com
Hübsches Feriendorf, das im traditionellen Stil gestaltet wurde. 6 Villen und 7 Apartments in einer restaurierten Ölmühle. Großer Süßwasserpool und Sonnenterrasse. Vom Hotels aus ist es 1 km bis zum Strand. ●●

Infos von A–Z

Ärztliche Hilfe

Arzt heißt *jatros,* Zahnarzt *odontojatros.* Die relativ niedrigen Arztkosten zahlt man am besten direkt. Zwar können Sie sich gegen Vorlage der Europäischen Krankenversicherungskarte (EHIC) kostenlos behandeln lassen, aber nur nur Vertragsärzte der staatlichen Sozialversicherung IKA akzeptieren diese. Es ist deshalb zu überlegen, eine zusätzliche Reisekrankenversicherung abzuschließen. Lassen Sie sich für die Kostenrückerstattung eine Quittung ausstellen. Die Behandlung in Erste-Hilfe-Stationen *(Health Centers)* ist gegen Vorlage der EHIC kostenfrei.

Apotheken *(farmakion)* gibt es reichlich. Man erkennt sie am roten oder grünen Kreuz. Zum Teil sind die Medikamente – auch im Herkunftsland gängige Marken – in Griechenland wesentlich preiswerter als daheim.

Diplomatische Vertretungen

■ **Deutsches Honorarkonsulat**
Odos Kapodistriou 23, Korfu-Stadt, Tel. 2 66 10/3 68 16, Fax 2 66 10/3 68 94, korfu@hk-diplo.de
■ **Österreichisches Honorarkonsulat**
Mostoxidou 78, Korfu-Stadt, 2 66 10/4 35 73, Fax 2 66 10/4 35 93, oekonsulatkorfu@yahoo.gr
■ **Schweizerisches Honorarkonsulat**
c/o Hotel Hellinis, Odos Fygareto 108, Kanoni, Korfu, Tel. 2 66 10/8 11 51, Fax 2 66 10/8 11 58, korfu@honrep.ch

Einreisepapiere

Deutsche, Österreicher und Schweizer benötigen zur Einreise einen gültigen Pass oder Personalausweis. Grüne Versicherungskarte fürs Kfz ist nicht vorgeschrieben, wird aber empfohlen und in den Einreisehäfen manchmal verlangt.

Feiertage

■ **1. Januar** – Neujahr
■ **6. Januar** – Epiphanias
■ **25. März** – Nationalfeiertag
■ **April** – Ostern
■ **1. Mai** – Tag der Arbeit
■ **21. Mai** – Nationaler Feiertag auf den Ionischen Inseln
■ **15. August** – »Mariä Entschlafung«
■ **28. Oktober** – Nationalfeiertag, »Ochi-Tag«
■ **25. Dezember** – Weihnachten
■ **31. Dezember** – Silvester

FKK

Nacktbaden ist außerhalb ausgewiesener FKK-Strände verboten, wird aber auch in einzelnen abgeschirmten Buchten praktiziert. »Oben-ohne« wird an den meisten Stränden toleriert.

Geld

Griechenland gehört der Europäischen Währungsunion an, es wird mit Euro (sprich: *Evro)* und *Lepta* (Cents) bezahlt. Per Bankkarte mit EC-/Maestro-Funktion und PIN-Code kann man an den auch auf den Inseln mittlerweile weit verbreiteten Automaten mühelos Geld abheben.

Urlaubskasse	
Tasse Kaffee	2,50 €
Softdrink	2,50 €
Glas Bier	3 €
Gyros	3 €
Eis am Stiel	3 €
Taxifahrt (Grundgebühr / pro km)	1,20 € / 1,30 €
Mietwagen (pro Tag)	ab 35 € bis 40 €

Informationen

Griechische Zentrale für Fremdenverkehr **EOT** (Ellinikos Organismos Tourismou, www.visitgreece.gr).

■ **D-60311 Frankfurt/Main**, Neue Mainzer Str. 22, Tel. 0 69/2 57 82 70, Fax 25 78 27 29, info@gzf-eot.de

■ **D-80333 München**, Pacellistr. 5, Tel. 0 89/22 20 35, Fax 29 70 58, info-muenchen@gzf-eot.de

■ **D-10789 Berlin**, Wittenbergplatz 3a, Tel. 0 30/2 17 62 62, Fax 2 17 79 65, info-berlin@gzf-eot.de

■ **D-20354 Hamburg**, Neuer Wall 18, Tel. 0 40/45 44 98, info-hamburg@gzf-eot.de

■ **A-1010 Wien**, Opernring 8, Tel. 01/5 12 53 17, Fax 5 13 91 89, grect@vienna.at

Das Schweizer Büro wurde 2011 geschlossen; Informationen bei den Büros in Deutschland und Österreich.

Kleidung

Steinige Wege erfordern festes Schuhwerk. Da es am Meer abends kühl werden kann, gehört wenigstens ein warmes Kleidungsstück (Pullover oder Jacke) ins Gepäck. Betreten Sie Klöster und Kirchen nicht in Shorts oder schulterfreien Oberteilen!

Notruf

■ Euro-Notruf: 112 (in engl. Sprache)
■ Polizei: Tel. 100
■ Ambulanz: Tel. 166
■ Feuerwehr: Tel. 199
■ Touristenpolizei: Tel. 171 (Zentrale)
■ Pannenhilfe: Tel. 104

Öffnungszeiten

■ **Geschäfte** werktags in der Regel 8.30–14 und 17–20 Uhr.
■ **Banken** und **Postämter** Mo–Do 8–14, Fr 8-13.30 Uhr. Private Geschäfte und der Minimarkt im Kiosk haben geöffnet, so lange es die Eigentümer für sinnvoll halten.

■ **Museen** und **archäologische Stätten** haben unterschiedliche und wechselnde Öffnungszeiten. Wer auf Nummer sicher gehen will, sollte zwischen 9 und 14 Uhr kommen. Montags bleiben viele Museen und Ausgrabungsstätten geschlossen.

■ **Kirchen** und **Klöster** sind oft in der Mittagszeit (13–15 Uhr) geschlossen.

Telefonieren

Die »Telekarta« für Kartentelefone ist am Kiosk und in Läden erhältlich. In größeren Orten unterhält die Telefongesellschaft OTE Büros. Die Telefonnummer ist zehnstellig, die frühere Ortsvorwahl muss im Land stets mitgewählt werden. In der Regel wählt sich Ihr Handy automatisch in die entsprechenden Roaming-Partnernetze (Vodafone Greece, Cosmote, WIND Hellas) ein. Infos zu Gebühren z.B. unter www. teltarif.de/roaming/griechenland.

Telefonnummern ändern sich öfters; **Auskunft:** Tel. 131.

Internationale Vorwahlnummern:
■ Deutschland 00 49
■ Österreich 00 43
■ Schweiz 00 41
■ Griechenland 00 30

Zeit

Es gilt die Osteuropäische Zeit: Mitteleuropäische Zeit plus eine Stunde.

Zoll

EU-Bürger können Waren für den eigenen Bedarf unbegrenzt ein- und ausführen, für Schweizer gelten die landesspezifischen Bestimmungen. Verboten ist die Ausfuhr von allem Antiken sowie von Ikonen, die älter als 50 Jahre sind.

Register

Bildnachweis

Alamy/Greg Balfour Evans: 17; Alamy/Chris Batson: U2-Top12-7; Alamy/Steve Bentley: 97; Alamy/Olga Gajewska: 136; Alamy/Jeff Morgan: 107, 112; Alamy/Rob Rayworth: 102; Alamy/Vaios Vitos: 74; APA Publications/Phil Wood: 33, 38, 80, 83, 116, 129; Hans Joachim Arndt: 59; Bildagentur Huber/Johanna Huber: 66; Bildagentur Huber/Kaos: 35; Bildagentur Huber/Mehlig: 91; Bildagentur Huber/Fantuz Olimpio: 99; Bildagentur Huber/Massimo Ripani: 72; Bildagentur Huber/G. Simeone: 42, 44, 122; Claudia Christoffel-Crispin u. Gerhard Crispin: 19, 40, 55, 68, 86, 87, 89, 95, 101, 105, 117, 118, 119, 130; Fotolia/iOpeners: U2-Top12-8; Fotolia/Ivan: 2-1; Fotolia/Kostas Kalpenidis: 29; Fotolia/Hennie Kissling: 134; Fotolia/mefanti: 18; Fotolia/Mike & Valerie Miller: 109; Fotolia/momentum: 39; Fotolia/sandes: 58; Fotolia/Ljupco Smokovski: U2-Top12-4; Fotolia/Manfred Stadlmann: U2-Top12-12; Fotolia/Mirko Wilhelm:138; Elisabeth Galikowski: 51; Rainer Hackenberg: U2-Top12-5, 22, 31, 37, 79, 111, 123, 125; iStockphoto/Karapanagiotis: U2-Top12-11, 127; iStockphoto/Terry Lawrence: 115; Katja Kreder: U2-Top12-3; laif/IML: U2-Top12-6, 88, 133; laif/Kristensen: 6; laif/IML/Alex Rodopoulas: 5; LOOK-foto/Franz Marc Frei: U2-Top12-9, 56, 71, 104; LOOK-foto/Peter Terry: 121; Mauritius images/Imagebroker/Werner Otto: 9, 52; Pixelio/Iunad: U2-Top12-1; Pixelio/Karl-Heinz Liebsch: 15, 60; Pixelio/Tiberius K.: 46; Gudrun Raether-Klünker: U2-Top12-10, 11, 13, 84; Thomas Stankiewicz: 61, 64; Klaus Thiele: U2-Top12-2, 106, 110; Wikipedia (gemeinfrei): 2-2, 32.

Polyglott im Internet: www.polyglott.de

Impressum

Wir freuen uns, dass Sie sich für einen Reiseführer aus dem Polyglott-Programm entschieden haben. Auch wenn alle Informationen aus zuverlässigen Quellen stammen und sorgfältig geprüft sind, lassen sich Fehler nie ganz ausschließen. Wir bitten um Verständnis, dass der Verlag dafür keine Haftung übernehmen kann. Ihre Hinweise und Anregungen sind uns wichtig und helfen uns, die Reiseführer ständig weiter zu verbessern. Bitte schreiben Sie uns:

GVG TRAVEL MEDIA GmbH, ein Unternehmen der GANSKE VERLAGSGRUPPE
Redaktion Polyglott, Harvestehuder Weg 41, 20149 Hamburg, redaktion@polyglott.de

Wir wünschen Ihnen eine gelungene Reise!

Herausgeber: GVG TRAVEL MEDIA GmbH
Redaktionsleitung: Grit Müller
Autoren: Gerhard Crispin, Claudia Christoffel-Crispin, Konrad Dittrich
Neukonzeption: Konrad Dittrich
Redaktion: Büro Gudrun Raether-Klünker
Bildredaktion: GVG TRAVEL MEDIA GmbH und Ulrich Reißer und Gudrun Raether-Klünker
Layout: Ute Weber, Geretsried
Titeldesign-Konzept: Studio Schübel Werbeagentur GmbH, München
Karten und Pläne: Eva Kühn und Kartografie GVG TRAVEL MEDIA GmbH, Hamburg
Satz: Schulz Bild & Text, Mainz und Ute Weber, Geretsried
Druck und Bindung: Stürtz Mediendienstleistungen, Würzburg

Überarbeitete Auflage
© 2013 by GVG TRAVEL MEDIA GmbH, Hamburg
Printed in Germany
Dieses Buch wurde auf chlorfrei gebleichtem Papier gedruckt.
ISBN 978-3-8464-0859-9

Langenscheidt Mini-Dolmetscher Griechisch

Allgemeines

Guten Morgen.	Καλημέρα.	[kalimera]
Guten Tag.	Χαίρετε.	[cherete]
Guten Abend.	Καλησπέρα.	[kalispera]
Hallo! (du)	Γειά σου!	[ja‿βu]
Hallo! (Siezen und Plural)	Γειά σας!	[ja‿βas]
Wie geht es dir?	Τι κάνεις;	[ti kanis]
Wie geht es Ihnen / euch?	Τι κάνετε;	[ti kanete]
Danke, gut.	Καλά ευχαριστώ.	[kala efcharisto]
Ich heiße ...	Λέγομαι ...	[legome]
Auf Wiedersehen.	Αντίο.	[andio]
Morgen	πρωί	[pro·i]
Nachmittag	απόγευμα	[apojewma]
Abend	βράδυ	[wraði]
Nacht	νύχτα	[nichta]
morgen	αύριο	[awrio]
heute	σήμερα	[βimera]
gestern	χτες	[chtes]
Sprechen Sie Deutsch / Englisch?	Μιλάτε γερμανικά / αγγλικά;	[milate jermanika / anglika]
Wie bitte?	Ορίστε;	[oriste]
Ich verstehe nicht.	Δεν καταλαβαίνω.	[ðen katalaweno]
Sagen Sie es bitte nochmals.	Ξαναπείτε το, παρακαλώ.	[ksanapite to parakalo]
..., bitte	..., παρακαλώ	[..., parakalo]
danke	ευχαριστώ	[efcharisto]
Keine Ursache.	Τίποτε.	[tipote]
was / wer	τι / ποιος	[ti / pjos]
wo / wohin	πού	[pu]
wie / wie viel	πως / πόσο	[pos / poβo]
wann / wie lange	πότε / πόση ώρα	[pote / poβi ora]
Wie heißt das?	Πως λέγεται αυτό;	[pos lejete afto]
Wo ist ...?	Πού είναι ...;	[pu ine]
Können Sie mir helfen?	Μπορείτε να με βοηθήσε τε;	[borite na me wo·iβiβete]
ja	ναι	[ne]
nein	όχι	[ochi]
Entschuldigen Sie.	Με συγχωρείτε.	[me βingchorite]
Das macht nichts.	Δεν πειράζει.	[ðen pirasi]
Gibt es hier eine Touristeninformation?	Υπάρχει τουριστικό γραφείο εδώ;	[iparchi turistiko grafio eðo]
Haben Sie einen Stadtplan?	Œχετε ένα χάρτη της πόλης	[echete ena charti tis polis]

Shopping

Wo gibt es ...?	Πού έχει ...;	[pu echi]
Wie viel kostet das?	Πόσο κοστίζει αυτό;	[poo kostisi afto]
Wo ist eine Bank?	Πού υπάρχει μια τράπεζα;	[pu iparchi mia trapesa]
Geben Sie mir bitte 100 g (Feta-)Käse / .	Παρακαλώ δώστε μου εκατό γραμμάρια τυρί (φέτα).	[parakalo doste mu ekato gramaria tiri (feta)]
Haben Sie deutsche Zeitungen?	Œχετε γερμανικές εφημερίδες;	[echete jermanikes efimeriðes]
Wo kann ich telefonieren / eine Telefonkarte kaufen?	Πού μπορώ να τηλεφωνήσω / να αγοράσω τηλεκάρτα;	[pu boro na tilefoniβo / na agoraβo tilekarta]

Essen und Trinken

Die Speisekarte, bitte.	Τον κατάλογο, παρακαλώ.	[ton katalogo parakalo]
Was gibt es zu essen?	Τι φαγητά υπάρχουν;	[ti fajita iparchun]
Brot	ψωμί	[psomi]
Kaffee	καφές	[kafes]
Tee	τσάι	[tsa·i]
mit Milch / Zucker	με γάλα / ζάχαρη	[me gala / sachari]
Orangensaft	χυμός πορτοκάλι	[chimos / portokali]
Einen (griechischen) Kaffee, bitte.	Œναν (ελληνικό) καφέ παρακαλώ.	[enan (elliniko) kafe parakalo]
Suppe	σούπα	[βupa]
Fisch	ψάρι	[psari]
Meeresfrüchte	ιαλασσινά	[βalaβina]
Fleisch	κρέας	[kreas]
Geflügel	πουλερικά	[pulerika]
Beilagen	γαρνιτούρα	[garnitura]
vegetarische Gerichte	χορτοφαγικά πιάτα	[chortofajika pjata]
Eier	αυγά	[awga]
Salat	σαλάτα	[βalata]
Dessert	επιδόρπιο	[epiðorpio]
Obst	φρούτα	[fruta]
Eis	παγωτό	[pagoto]
Wein	κρασί	[kraβi]
Bier	μπύρα	[bira]
Wasser	νερό	[nero]
Mineralwasser	μεταλλικό νερό	[metalliko nero]
Limonade	πορτοκαλάδα	[portokalada]